ぼくにできること

土屋竜一《つちやりゅういち》

みらいパブリッシング

これは、ぼくが子《こ》どものころのお話《はなし》です

リュウちゃんの住《す》んでいる地方《ちほう》では、わんぱくな子《こ》ども、やんちゃ坊主《ぼうず》のことを「ゴタ」と呼《よ》びます。リュウちゃんはまさしく「ゴタ」そのものでした。いつも無邪気《むじゃき》で元気《げんき》いっぱい。行《い》く先々《さきざき》でいたずらばっかりしていたのです。

といっても、人《ひと》の迷惑《めいわく》になるような悪《わる》いことはしません。タンスの引《ひ》き出《だ》しにカマキリの卵《たまご》をしのばせておいて、ある朝《あさ》、何百《なんびゃく》匹《ひき》ものミニ・カマキリがぞろぞろと這《は》い出《だ》してきて、お母《かあ》さんをビックリさせる。せいぜい、そのくらいのいたずらです。

リュウちゃんは、じっとしているのが嫌《きら》いでした。立《た》ったり座《すわ》ったり、飛《と》んだり跳《は》ねたり、今《いま》ここにいたと思《おも》ったら、もう、ずっと向《む》こうで遊《あそ》んでいるといった感《かん》じです。

これはそんなリュウちゃんが、自分《じぶん》にできることと、できないことに向《む》き合《あ》いながら、わんぱくに成長《せいちょう》していく物語《ものがたり》です。

1

負《ま》けず嫌《ぎら》いのでんぐり返《がえ》し

いつも元気《げんき》いっぱいのリュウちゃん。ケガもしょっちゅうしていました。あちこちでいたずらなんかをしているうちに、転《ころ》んだり、落《お》ちたり、引《ひ》っかかったりするのです。両足《りょうあし》のひざ小僧《こぞう》や肘《ひじ》には、いつでも絆創膏《ばんそうこう》。そして手《て》の指《ゆび》には、赤《あか》チンという消毒《しょうどく》の薬《くすり》を塗《ぬ》ったあとが赤《あか》く光《ひか》っていました。

そうそう、こんな大《おお》ケガをしたことがあります。

リュウちゃんは幼稚園《ようちえん》の頃《ころ》から、家《いえ》の近《ちか》くにある石碑《せきひ》の台座《だいざ》に登《のぼ》ってみたいと思《おも》っていました。台座《だいざ》というのは、高《たか》さ一《いち》メートル、幅《はば》と奥行《おくゆ》き二《に》メートルほどのゴツゴツとした大《おお》きな岩《いわ》のことです。その真《ま》ん中《なか》に、なにかの字《じ》が彫《ほ》られた一《いち》メートルくらいの石碑《せきひ》が立《た》っているのです。登《のぼ》りたくても背《せ》の小《ちい》さいリュウちゃんには、なかなか実現《じつげん》のできないことでした。

あるとき、背《せ》の高《たか》いサトシ君《くん》たちが、その台座《だいざ》に登《のぼ》って冒険《ぼうけん》ごっこをしているのを見《み》て、リュウちゃんの負《ま》けず嫌《ぎら》いが始《はじ》まったのです。

小学校《しょうがっこう》から帰《かえ》ってきたあと、リュウちゃんは家《いえ》の玄関《げんかん》にランドセルを投《な》げこんで、大《おお》きな石碑《せきひ》の立《た》っている路地裏《ろじうら》に向《む》かいました。路地裏《ろじうら》にはもう子《こ》どもたちがたむろしていて、石碑《せきひ》の台座《だいざ》に登《のぼ》って遊《あそ》んでいる子《こ》もいました。

リュウちゃんが石碑《せきひ》の下《した》まで行《い》くと、小学二年生《しょうがくにねんせい》のタカアキ君《くん》が台座《だいざ》の上《うえ》から声《こえ》をかけてきました。

「おい、そこのチビ。ここまで登《のぼ》ってきてみろ、バーカ」

あいつだ……。リュウちゃんはいやな気持《きも》ちになってきました。タカアキ君《くん》はいつでもどこでも、いろんないじわるを仕掛《しか》けてくるのです。逃《に》げようかとも思《おも》いましたが、なんだか癪《しゃく》です。リュウちゃんはタカアキ君《くん》に言《い》いました。

「登《のぼ》ってやるわ！」

リュウちゃんは助走《じょそう》をつけて、台座《だいざ》の岩《いわ》に飛《と》びつきました。あとは、岩《いわ》のあちこちにあるデコボコに足《あし》をかけ、手《て》をかけて登《のぼ》っていけばよいのです。ところが、滑《すべ》ったり力《ちから》がうまく入《はい》らなかったりで、やっぱりうまくいきません。何《なん》度《ど》も何度《なんど》も挑戦《ちょうせん》しました。

そうしてついに、リュウちゃんは石碑《せきひ》の台座《だいざ》に登《のぼ》ることができたのです。タカアキ君《くん》の姿《すがた》はもうありませんでしたが、それでもリュウちゃんは満足《まんぞく》でした。念願《ねんがん》だったことがようやく叶《かな》ったのですから。

すると、頭《あたま》の上《うえ》から「ヒッヒッ」という声《こえ》が聞《き》こえてきました。リュウちゃんが見上《みあ》げると、なんと、タカアキ君《くん》が石碑《せきひ》のてっぺんに腰《こし》を掛《か》けているじゃありませんか。

「ここまではできねえだろ」

さすがのリュウちゃんも、それは無理《むり》だと思《おも》いました。タカアキ君《くん》はスルッと台座《だいざ》に飛《と》び降《お》り、そこからさらに下《した》までジャンプ。まるで特撮《とくさつ》ヒーローのようでした。負《ま》けん気《き》の強《つよ》いリュウちゃん。それならできると思《おも》ってしまったのです。

リュウちゃんは飛《と》び降《お》りる場所《ばしょ》を決《き》めて、ジャンプを試《こころ》みました。

「いち、にの、さん！」

と、その瞬間《しゅんかん》にリュウちゃんのお尻《しり》が石碑《せきひ》にぶつかり、その反動《はんどう》で変《へん》な格好《かっこう》になって、頭《あたま》から飛《と》びこむように落《お》ちてしまったのです。顔全体《かおぜんたい》を嫌《いや》というほど打《う》ちつけ、目《め》から火花《ひばな》が散《ち》りました。起《お》き上《あ》がろうとすると、口《くち》の中《なか》にお湯《ゆ》のようなものが溜《た》まってくるので、リュウちゃんは吐《は》き出《だ》しました。それは血《ち》でした。どうやら口《くち》の中《なか》を切《き》ったようです。

リュウちゃんのケガに気《き》づいた子《こ》どもたちが騒《さわ》ぎ出《だ》し、ちょうど通《とお》りかかった近所《きんじょ》のおばさんが叫《さけ》びながら駆《か》け寄《よ》ってきました。

「だいじょうぶ？　誰《だれ》か、リュウちゃんのお母《かあ》さんを呼《よ》んできて！」

五《ご》、六人《ろくにん》の子《こ》どもたちがモタモタしているうちに、不思議《ふしぎ》なことに、リュウちゃんのお母《かあ》さんが走《はし》ってきたのです。お母《かあ》さんはリュウちゃんの顔《かお》をのぞいて言《い》いました。

「あそこから飛《と》び降《お》りたの？　いつかやると思《おも》った」

「救急車《きゅうきゅうしゃ》を呼《よ》びましょうか」

近所《きんじょ》のおばさんがそう提案《ていあん》すると、リュウちゃんのお母《かあ》さんはリュウちゃんの口《くち》にタオルをあてがいながら、早口《はやくち》で言《い》いました。

「それより、病院《びょういん》に行《い》っちゃったほうが早《はや》い。すみませんが、タクシーを呼《よ》んでください」

近所《きんじょ》のおばさんが、すぐそばのスーパーからタクシー会社《かいしゃ》に電話《でんわ》をしようと道《みち》へ出《で》ると、目《め》の前《まえ》でタクシーが止《と》まって、おばあさんをひとり降ろしたのです。なんという偶然《ぐうぜん》でしょう。リュウちゃんはお母《かあ》さんに連《つ》れられ、そのタクシーで行《い》きつけの病院《びょういん》へ向《む》かいました。

―花沢病院《はなざわびょういん》―

ケガをした人《ひと》、手術《しゅじゅつ》の必要《ひつよう》な病気《びょうき》の人《ひと》などがかかる外科《げか》の専門病院《せんもんびょういん》です。

リュウちゃんが痛々《いたいた》しい姿《すがた》で受付《うけつけ》に行《い》くと、いつもの看護師《かんごし》さんが声《こえ》をかけてきました。

「あら、またリュウちゃん？」

リュウちゃんはよくケガをするので、すっかり顔《かお》なじみになっていたのです。でもこんどのケガが、普通《ふつう》のケガではないことがすぐに分《わ》かったのでしょう。看護師《かんごし》さんは表情《ひょうじょう》を変《か》え、声《こえ》を張《は》り上《あ》げました。

「先生《せんせい》！　院長先生《いんちょうせんせい》！」

「どうした」

丸顔《まるがお》で色白《いろじろ》の、いつも優《やさ》しげな院長先生《いんちょうせんせい》が近《ちか》づいてきました。

「ん？　またリュウちゃんか。こんどはどうした」

リュウちゃんのお母《かあ》さんが事情《じじょう》を話《はな》すと、院長先生《いんちょうせんせい》は「うん、うん」と相槌《あいづち》を打《う》ちながら、リュウちゃんの口《くち》の中《なか》をのぞきこみました。

「ああ、こりゃあ、痛《いた》そうだな。でも大丈夫《だいじょうぶ》だぞ」

そのあと、リュウちゃんが処置室《しょちしつ》に通《とお》されると、別《べつ》の看護師《かんごし》さんが待《ま》っていました。

「これからね、お口《くち》の中《なか》をきれいに消毒《しょうどく》して、切《き》れちゃったところを糸《いと》で縫《ぬ》います」

糸《いと》で縫《ぬ》う。　ということは……。

「そうだよ。針《はり》に糸《いと》を通《とお》して縫《ぬ》うんだよ」

そう言《い》いながら、半透明《はんとうめい》の手袋《てぶくろ》をした院長先生《いんちょうせんせい》が入《はい》ってきました。

「さあ、口《くち》を開《あ》けて」

リュウちゃんが恐《おそ》る恐《おそ》る大《おお》きな口《くち》を開《あ》けると、院長先生《いんちょうせんせい》はピンセットで手際《てぎわ》よく消毒《しょうどく》をしました。そして、細《ほそ》い糸《いと》のついた曲《ま》がった針《はり》を持《も》って、看護師《かんごし》さんに声《こえ》をかけました。

「じゃあ、リュウちゃんの頭《あたま》を支《ささ》えていてください」

えー、どうしよう、と思《おも》った瞬間《しゅんかん》にチクっと、ものすごい痛《いた》みが駆《か》け抜《ぬ》けました。それは今《いま》まで感《かん》じたことのない感覚《かんかく》で、あまりの痛《いた》さに涙《なみだ》も出《で》ません。

しかも、院長先生《いんちょうせんせい》が糸《いと》を結《むす》びながら、こう言《い》ったのです。

「あ、麻酔《ますい》するのを忘《わす》れた」

麻酔《ますい》というのは注射《ちゅうしゃ》で、傷口《きずぐち》を縫《ぬ》うときに痛《いた》みを感《かん》じさせなくするクスリです。気抜《きぬ》けしてぼんやりしているリュウちゃんを見《み》て、院長先生《いんちょうせんせい》にそっと微笑《ほほえ》みました。

「でも平気《へいき》だったでしょ。麻酔《ますい》しないと治《なお》りも早《はや》いのよ」

と、看護師《かんごし》さん。麻酔《ますい》を忘《わす》れたというのは院長先生《いんちょうせんせい》の冗談《じょうだん》だったのでしょう。

こうして、リュウちゃんの大《おお》ケガ騒動《そうどう》は収《おさ》まったのでした。

ところが、です。そのほんの一ヵ月後《いっかげつ》、リュウちゃんはその花沢病院《はなざわびょういん》で命《いのち》を救《すく》われることになるのです。

リュウちゃんが石碑《せきひ》から飛《と》び降《お》りて、口《くち》の中《なか》を切《き》って一《いっ》ヶ月《かげつ》が経《た》った頃《ころ》のことです。昔《むかし》は土曜日《どようび》も午前中《ごぜんちゅう》だけ学校《がっこう》へ行《い》って、お昼《ひる》は家《いえ》に帰《かえ》って食《た》べることになっていました。その日《ひ》も、リュウちゃんが玄関《げんかん》に入《はい》ると、いい匂《にお》いがもう漂《ただよ》っていました。

「ナポリタンだ！」

ナポリタンは、リュウちゃんの一番《いちばん》のお気《き》に入《い》りでした。フォークにスパゲティをからませ、それを頬張《ほおば》るたびに「お母《かあ》さんのナポリタンはおいしい」と思《おも》うのでした。ひと皿《さら》をペロっと平《たい》らげたリュウちゃん、三歳《さんさい》の弟《おとうと》・シンちゃんの食《た》べ残《のこ》しまでもらって、お腹《なか》いっぱいになりました。というより、食《た》べ過《す》ぎだったかも知《し》れません。

夕《ゆう》ご飯《はん》は、お父《とう》さんの大好物《だいこうぶつ》の「天《てん》ぷら」でした。じゃがいもやエビ、イカ、そしてバナナ！　バナナも天《てん》ぷらにできるのです。もちろんリュウちゃんのリクエストです。リュウちゃんはこのときもお腹《なか》が空《す》いて、たらふく食《た》べてしまいました。これが、あのいまわしい出来事《できごと》のまえぶれだったとは、誰《だれ》も知《し》る由《よし》もありませんでした。

あくる朝《あさ》、リュウちゃんが目《め》を覚《さ》ますと、リュウちゃんの身体《からだ》は、倒《たお》れた大《おお》きな木《き》の幹《みき》の下敷《したじ》きになっていました。どんなにもがいても身動《みうご》きひとつとれません。息苦《いきぐる》しさで、声《こえ》を出《だ》すこともできません。リュウちゃんは泣《な》き出《だ》しました。いったい、なにがどうなってしまったのでしょう。

と、そこで目《め》が覚《さ》めました。夢《ゆめ》だったのです。リュウちゃんは一瞬《いっしゅん》、ほっとしました。でもそれも束《つか》の間《ま》。右側《みぎがわ》の下腹《したばら》に重《おも》い痛《いた》みが走《はし》って、時々《ときどき》、するどく差《さ》しこむのです。その痛《いた》みは、麻酔《ますい》なしで口《くち》の中《なか》を縫《ぬ》ったときよりも、ずっとひどいものでした。

　リュウちゃんは、寝《ね》ていた布団《ふとん》をぐちゃぐちゃにして、泣《な》きながら、のた打《う》ち回《まわ》りました。十分《じっぷん》経《た》っても一時間《いちじかん》経《た》っても、その痛《いた》みは治《おさ》まりません。

　お母《かあ》さんは「痛《いた》いのは生《い》きている証拠《しょうこ》だ」などと言《い》って、最初《さいしょ》は放《ほう》っていました。でも、リュウちゃんは二時間《にじかん》も三時間《さんじかん》も、お腹《なか》をかかえて苦《くる》しんでいるのです。さすがに「これはおかしい」と思《おも》ったのでしょう。お母《かあ》さんはリュウちゃんの顔《かお》をまじまじと見《み》て、額《ひたい》に手《て》を当《あ》ててみました。そしてお父《とう》さんに言《い》いました。

「いくらか熱《ねつ》がある。こんなに痛《いた》がっているし、これはただの食《た》べ過《す》ぎじゃないよね」

「でも、昨夜《ゆうべ》まであんなに元気《げんき》だったんだから、ちょっと様子《ようす》をみたらどうだ」

お昼《ひる》が近《ちか》づくにつれ、リュウちゃんの痛《いた》みは治《おさ》まっていきました。代《か》わりに寒気《さむけ》が始《はじ》まり、お腹《なか》の痛《いた》みは、風邪《かぜ》によるものだということになったのです。

翌日《よくじつ》、リュウちゃんは学校《がっこう》を休《やす》んで、家《いえ》でじっとしていることにしました。お腹《なか》のほうは、あいかわらず重《おも》たい痛《いた》みがつづいてはいたものの、ずいぶん落《お》ち着《つ》いていました。

ところが夕方《ゆうがた》になって、テレビで「ウルトラマン」の最終回《さいしゅうかい》を観《み》ているうちに、目《め》が回《まわ》り始《はじ》めたのです。そのうちに吐《は》き気《け》も出《で》てきて、顔《かお》から血《ち》の気《け》が引《ひ》いて真《ま》っ青《さお》になっていきました。お母《かあ》さんはお父《とう》さんの帰《かえ》りを待《ま》って、リュウちゃんを病院《びょういん》に連《つ》れて行《い》くことにしました。

行《い》き先は一番近《いちばんちか》い花沢病院《はなざわびょういん》です。お父《とう》さんは猛《もう》スピードで車《くるま》を走《はし》らせました。病院《びょういん》に着《つ》くと、帰《かえ》り支度《じたく》をした、いつもの看護《かんご》師《し》さんが玄関《げんかん》から出《で》てきました。

「あら、またリュウちゃん？」

ぐったりとしたリュウちゃんの青白《あおじろ》い顔《かお》を見《み》て、看護師《かんごし》さんはいっしょに病院《びょういん》に戻《もど》ってくれました。リュウちゃんは車《くるま》いすに乗《の》せられて処置室《しょちしつ》に通《とお》され、すぐに院長先生《いんちょうせんせい》の診察《しんさつ》を受《う》けたのです。院長先生《いんちょうせんせい》はリュウちゃんのお腹《なか》を触《さわ》ったり押《お》したりして、考《かんが》えながら言《い》いました。

「うーん。これは盲腸炎《もうちょうえん》ですね」

盲腸《もうちょう》というのは、お腹《なか》の中《なか》にある大腸《だいちょう》の一部《いちぶ》のこと。そこが腫《は》れ上《あ》がっていたのです。だからお腹《なか》が痛《いた》かったのです。それを治《なお》すためには、盲腸《もうちょう》を取《と》り除《のぞ》く手術《しゅじゅつ》が必要になります。

「お腹《なか》を切《き》ることになりますが、よろしいですね。急《いそ》いだほうがいいかも知《し》れません」

お父《とう》さんとお母《かあ》さんは顔《かお》を見合《みあ》わせ、うなずき合《あ》いました。

リュウちゃんはいくつかの検査《けんさ》を受《う》け、手術室《しゅじゅつしつ》のベッドに寝《ね》かされました。

リュウちゃんは口《くち》の中《なか》を縫《ぬ》ったときのことを思い出して、また麻酔《ますい》をしないで切《き》ったり縫《ぬ》ったりするのかと不安《ふあん》になりました。

「今回は麻酔《ますい》を打《う》つよ、リュウちゃん。じゃあ、チクっとするよ」

院長先生《いんちょうせんせい》は、リュウちゃんの背中《せなか》に麻酔《ますい》の針《はり》を刺《さ》しました。これもとんでもなく痛《いた》い。少《すこ》しすると頭《あたま》がぼんやりして眠《ねむ》くなりました。

手術《しゅじゅつ》が始《はじ》まりました。お父《とう》さんとお母《かあ》さんも手術室《しゅじゅつしつ》に入《はい》って、看護師《かんごし》さんたちと同《おな》じ白衣《はくい》を着《き》て見守《みまも》っています。リュウちゃんは手術中《しゅじゅつちゅう》、痛《いた》みは感《かん》じないものの、何度《なんど》も吐《は》きそうになりました。すると、院長先生《いんちょうせんせい》の怒《おこ》ったような話《はな》し声《ごえ》が聞《き》こえてきました。

「盲腸《もうちょう》が腐《くさ》りかけています。お父《とう》さん、お母《かあ》さん、明日《あした》きていたら死《し》んでいましたよ」

リュウちゃんは目《め》をぱっちりと開《あ》けて、息《いき》をのみました。もうちょっとで死《し》ぬところだったなんて……。リュウちゃんが眠《ねむ》っていないことに気《き》づいた院長先生《いんちょうせんせい》は、仰向《あおむ》けのリュウちゃんになにかを見《み》せながら言《い》いました。

「これがリュウちゃんの盲腸《もうちょう》だよ」

真《ま》っ赤《か》な血《ち》のしたたる、そのひとかたまりを見《み》て、リュウちゃんは気《き》が遠《とお》くなりました。

次《つぎ》に目《め》を覚《さ》ますと、もう翌朝《よくあさ》になっていました、リュウちゃんは病室《びょうしつ》のベッドで寝《ね》ていたのですが、どうにも身体《からだ》が重《おも》くて、眠《ねむ》ったり目覚《めざ》めたりしていました。でもその翌日《よくじつ》にはすっかり気分《きぶん》が良《よ》くなり、三日目《みっかめ》には、もう歩《ある》き回《まわ》れるまでになっていました。

元気《げんき》になるにつれ、リュウちゃんならではのわんぱくぶりが戻《もど》ってきました。同《おな》じ部屋《へや》の患者《かんじゃ》さんのマンガ本《ぼん》に落書《らくが》きをしてみたり、尿瓶《しびん》に花《はな》を差《さ》してみたり、鼻《はな》くそを丸《まる》めて飛《と》ばしてみたり。

そして、ついにとんでもないことをしでかしました。一番若《いちばんわか》くて、かわいらしい看護師《かんごし》さんが病室《びょうしつ》に入《はい》ってくるのを見計《みはか》らって、リュウちゃんはベッドの上《うえ》で、でんぐり返《がえ》しをして見《み》せたのです。

「キャーッ」

看護師《かんごし》さんの叫《さけ》び声《ごえ》が病院中《びょういんじゅう》に響《ひび》き渡《わた》りました。死《し》にそうになって、お腹《なか》を切《き》って縫《ぬ》ったばかりだというのに、でんぐり返《がえ》しをするなんて！

いつもは優《やさ》しい院長先生《いんちょうせんせい》もあきれ果《は》てて、こう言《い》いました。

「こんな患者《かんじゃ》、見《み》たことも聞《き》いたこともない。もう、リュウちゃんは退院《たいいん》しなさい」

こうして、リュウちゃんは手術《しゅじゅつ》から五日目《いつかめ》に、糸《いと》をつけたまま、傷口《きずぐち》がまだふさがらないうちに家《いえ》に帰《かえ》されてしまったのです。

世界広《せかいひろ》しと言《い》えども、こんなことになるのは、わんぱくリュウちゃん、ただひとりではないでしょうか。

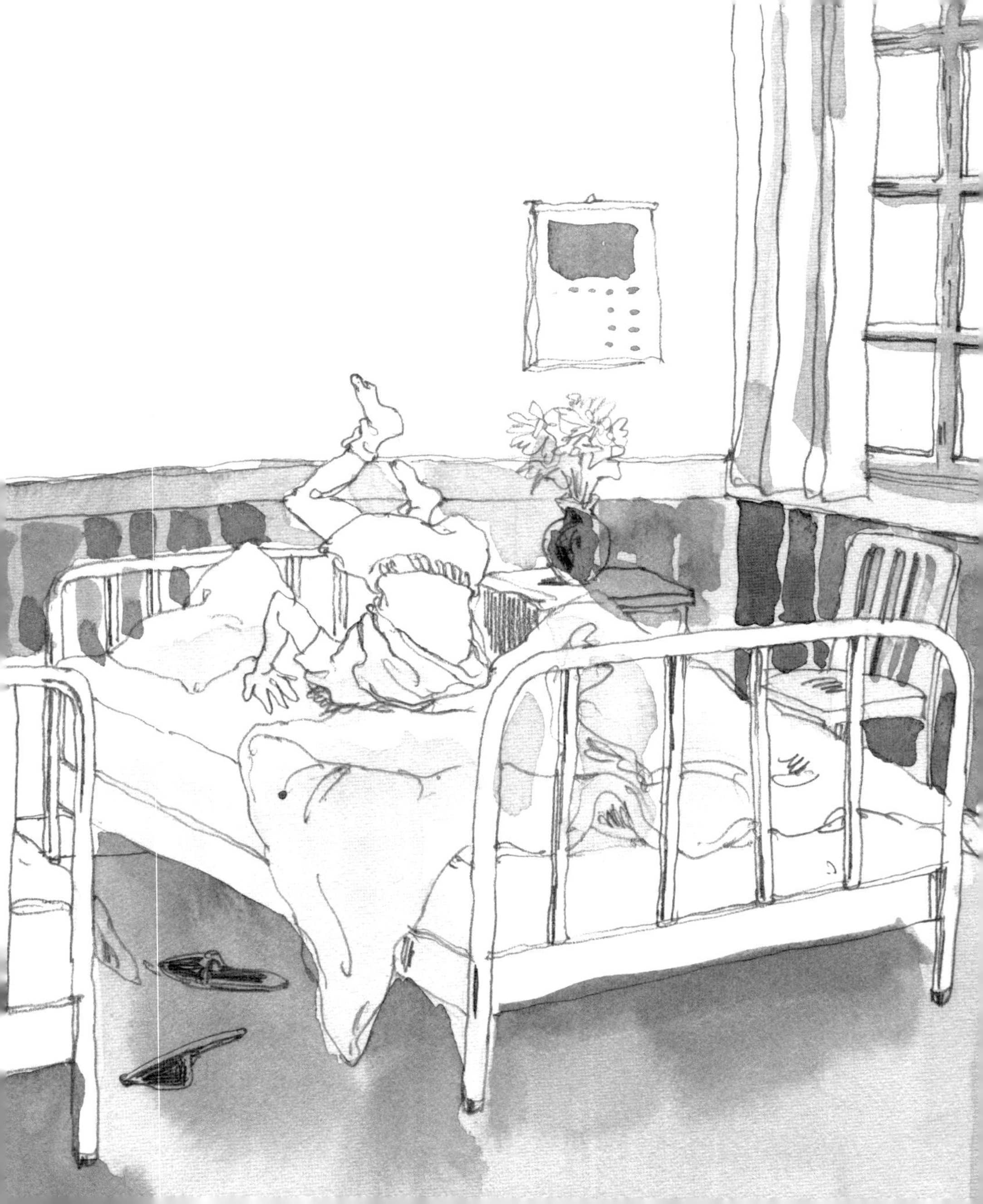

2 こわいこわい三《みっ》つの部屋《へや》

リュウちゃんは、よく口《くち》がまわりました。ごはんを食《た》べているときでも、遊《あそ》んでいるときでも、もちろんいたずらをしている最中《さなか》でも、なにかしらしゃべっているので、リュウちゃんがどこでなにをしているのかがすぐに分《わ》かりました。

そんな落《お》ち着《つ》きのないリュウちゃんでしたから、眉《まゆ》をひそめる大人《おとな》たちがいました。そのひとりはお父《とう》さん側《がわ》のおじいちゃん。おばあちゃんとふたりで、小諸《こもろ》というにぎやかな町《まち》の真《ま》ん中《なか》で暮《く》らしていました。だからリュウちゃんは「小諸《こもろ》のおじいちゃん」と呼《よ》んでいました。

リュウちゃんが遊《あそ》びに行《い》くと、小諸《こもろ》のおじいちゃんはそのたびに迷惑《めいわく》そうな顔《かお》をしたものです。そして、道路《どうろ》へ飛《と》び出《だ》したり、2階《かい》の窓《まど》から落《お》ちたり、なにか家《いえ》の中《なか》のものをこわしたりしないか、リュウちゃんのことをずっと見張《みは》っているのでした。あまりにその辺《へん》をうろちょろしているものだから、「リュウちゃんが来《く》ると、飯《めし》がまずくなる」と言《い》われたことさえあります。

そうそう、こんなことがありました。ある冬《ふゆ》の夜《よる》、小諸《こもろ》のおじいちゃんは、リュウちゃんに用事《ようじ》を言《い》いつけました。

「離《はな》れのいちばん最後《さいご》の部屋《へや》へ行《い》って、机《つくえ》の上《うえ》にある本《ほん》を持《も》ってきてくれ」

さすがのリュウちゃんも、これには身《み》ぶるいがしました。だって、その部屋《へや》は薄気味《うすきみ》が悪《わる》いんだもの。小諸《こもろ》のおじいちゃんの家《いえ》は広《ひろ》いおうちで、ずっとずっと奥《おく》まったところに「離《はな》れ」と呼《よ》ばれる三《みっ》つの部屋《へや》がつづいていました。昼《ひる》間《ま》から薄暗《うすぐら》くて、夜《よる》になるとまっ暗《くら》け。本当《ほんとう》に気味《きみ》の悪《わる》い場所《ばしょ》なのです。

いやだなあ、どうしようかなあと思《おも》っていると、小諸《こもろ》のおばあちゃんが福井《ふくい》なまりの優《やさ》しげな小声《こごえ》で、そっとリュウちゃんに言《い》いました。

「このご用《よう》ができたら、すごいよ。小諸《こもろ》のおじいちゃんは、リュウちゃんが降《こう》参《さん》するだろうと思《おも》っているにちがいない。あの部屋《へや》から本《ほん》を持《も》ってこれたら、小諸《こもろ》のおじいちゃん、そりゃあもうびっくりするやろ」

リュウちゃんは、小諸《こもろ》のおじいちゃんがびっくりしている顔《かお》を想像《そうぞう》しました。大《おお》きくて分厚《ぶあつ》いメガネを鼻《はな》の頭《あたま》までずり下《お》ろして、目《め》と口《くち》を丸《まる》くしている小諸《こもろ》のおじいちゃん。その姿《すがた》を思《おも》い浮《う》かべたら、本《ほん》を取《と》りに行《い》ってもいいかな、という気持《きも》ちになってきました。

「おじいちゃん、ぼく、行《い》ってくる。懐中電灯《かいちゅうでんとう》をちょうだい」

小諸《こもろ》のおじいちゃんは、ちょっとニヤっとしながら、柱《はしら》にかけてある懐中《かいちゅう》電灯《でんとう》をリュウちゃんに渡《わた》しました。なぜ懐中電灯《かいちゅうでんとう》が必要《ひつよう》かというと、離《はな》れに行《い》くには、電灯《でんとう》のない渡《わた》り廊下《ろうか》を通《とお》っていかなければならないからです。

リュウちゃんは、一回大《いっかいおお》きく息《いき》をしてから歩《ある》きだしました。

まず、振《ふ》り子時計《こどけい》がコチコチと鳴《な》っている隣《となり》の部屋《へや》を通《とお》って、そこから縁側《えんがわ》に出《で》るのですが、ちょうど八時《はちじ》になってボーン、ボーン。不意《ふい》をつかれたリュウちゃんは、あわてて部屋《へや》を飛《と》び出《だ》しました。

縁側《えんがわ》には蛍光灯《けいこうとう》がついていました。左《ひだり》に曲《ま》がったところにトイレがあって、キンモクセイのにおいがしました。ついでに寄《よ》っていこうかとも思《おも》いましたが、やめやめ。問題《もんだい》はそこからです。トイレの前《まえ》を過《す》ぎたところにドアがあって、その向《む》こうは、いよいよ電灯《でんとう》のない渡《わた》り廊下《ろうか》なのです。

懐中電灯《かいちゅうでんとう》のスイッチを入れたリュウちゃんは、ドアを押《お》しました。するとギーッ、ギーッという鈍《にぶ》い音《おと》がしました。急《いそ》いで渡《わた》り廊下《ろうか》に出《で》ると、今開《いまあ》けたドアが自然《しぜん》に閉《し》まって大《おお》きな音《おと》を立《た》てました。

バタン！

「うわっ」と思《おも》いながらも、懐中電灯《かいちゅうでんとう》を向《む》けて先《さき》に進《すす》みました。渡《わた》り廊下《ろうか》のはずれにはもうひとつドアがあって、そこを開《あ》けたら離《はな》れの最初《さいしょ》の部屋《へや》です。

その最初《さいしょ》の部屋《へや》には、リュウちゃんが前《まえ》から怖《こわ》いと思《おも》っているものが二《ふた》つありました。ひとつは、壁《かべ》にかけてある奇妙《きみょう》で大《おお》きな絵《え》。それは、長《なが》くて青《あお》い顔《かお》をした怪人《かいじん》の絵《え》でした。くり抜《ぬ》かれた右目《みぎめ》の中《なか》に「涙《なみだ》」という字《じ》が書《か》いてあって、そこからドロップ型《がた》の雫《しずく》がいくつも垂《た》れていました。大人《おとな》でもゾッとするような絵《え》だったのです。

もうひとつは、「黒田武士《くろだぶし》」という大《おお》きな博多人形《はかたにんぎょう》です。右手《みぎて》に槍《やり》を持《も》ち、左手《ひだりて》で大《おお》きな杯《さかずき》をかかえたサムライが、こちらをにらみつけているのです。

リュウちゃんは三回深呼吸《さんかいしんこきゅう》をして、目《め》をつむりながらドアを押《お》しました。ところがビクとも動《うご》きません。誰《だれ》かが向《む》こうにいて、ドアを押《お》さえつけているのでしょうか。

リュウちゃんは怖《こわ》くなって、いま来《き》たばかりの渡《わた》り廊下《ろうか》を、息《いき》せき切《き》って駆《か》け戻《もど》っていきました。そしてドアを押《お》しました。ところがなんと、そこも開《あ》かなくなっていたのです。リュウちゃんは閉《と》じこめられてしまったのでしょうか。

「開《あ》かない！」

もうだめです。リュウちゃんは両手《りょうて》でドアをバンバンと叩《たた》きました。

「お母《かあ》さん！　お父《とう》さん！」

どんなに叩《たた》いても、誰《だれ》もきてくれません。そのうちに手《て》が疲《つか》れてきました。

リュウちゃんはドアを叩《たた》くのをやめ、なにげなく取《と》っ手《て》を引《ひ》っぱってみました。

するとドアが開《あ》くじゃありませんか。

なんのことはない。ドアを押《お》して入《はい》ってきたのだから、出《で》ていくときは引《ひ》っぱらなくちゃ。リュウちゃんは怖《こわ》いながらも、ちょっと落《お》ち着《つ》きました。

いつのまにか放《ほう》り出《だ》していた懐中電灯《かいちゅうでんとう》を拾《ひろ》って、渡《わた》り廊下《ろうか》を歩《ある》き出《だ》しました。

あっちのドアもきっと、引《ひ》っぱれば開《あ》くのです。

ギギーッ、ギーッ。

思《おも》ったとおりでした。そうして最初《さいしょ》の部屋《へや》に入《はい》ったリュウちゃんでしたが、すぐに次《つぎ》の行動《こうどう》に移《うつ》らなければなりません。リュウちゃんは懐中電灯《かいちゅうでんとう》で部屋《へや》の中《なか》を照《て》らしました。

昔《むかし》は壁《かべ》にスイッチなんてありません。蛍光灯《けいこうとう》から垂《た》れている紐《ひも》を引《ひ》っぱって、あかりをつけるのです。けれども小《ちい》さいリュウちゃんには、そんな紐《ひも》に手《て》は届《とど》きません。灯《あか》りを当《あ》てながら「あの紐《ひも》が届《とど》けばいいのに」と思《おも》いました。

部屋《へや》の奥《おく》には、白《しろ》い布《ぬの》をかぶったソファーが二《ふた》つ、低《ひく》いテーブルを挟《はさ》んで置《お》いてありました。

「ソファーの背中《せなか》に乗《の》れば、あの紐《ひも》を引《ひ》っぱれるかも」

リュウちゃんは、まずソファーに乗りました。そしてソファーの背中《せなか》に登《のぼ》って、ふらふらと立《た》ち上《あ》がろうとした、その瞬間《しゅんかん》でした。リュウちゃんは足《あし》を滑《すべ》らせて、ソファーの後《うし》ろにころげ落《お》ちてしまったのです。

そんなに高《たか》さはないのですが、見事《みごと》さかさまに落《お》ちたものだから、頭《あたま》を打《う》つは、肘《ひじ》を打《う》つはでさんざんでした。しかも、はずみで転《ころ》がった懐中電灯《かいちゅうでんとう》が、ソファーの下《した》からあの怖《こわ》い「涙《なみだ》」の絵《え》をあやしく照《て》らしているではありませんか。

痛《いた》いやら怖《こわ》いやら。涙《なみだ》っていうのは、あんまりひどい目《め》に遭《あ》うと出《で》てこないものです。リュウちゃんはベソをかきながら、ヘラヘラと笑《わら》ってしまいました。

ソファーの下《した》から懐中電灯《かいちゅうでんとう》を拾《ひろ》おうとすると、なにかが光《ひか》って見《み》えました。リュウちゃんはその光《ひか》っているものを、手《て》を伸《の》ばしてつかんでみました。するとそれは百円玉《ひゃくえんだま》でした。こんなときにお金《かね》を拾《ひろ》っても、ちっとも嬉《うれ》しくありませんでしたが、ふと、これでビー玉《だま》を買《か》ったらいくつ買《か》えるかなあと思《おも》いました。

こんなことをやっている場合《ばあい》じゃありません。次《つぎ》の部屋《へや》も通《とお》らなければならないのです。リュウちゃんは懐中電灯《かいちゅうでんとう》を次《つぎ》の部屋《へや》の入口《いりぐち》に向《む》けました。偶然《ぐうぜん》、こんどは怖《こわ》い顔《かお》をした「黒田武士《くろだぶし》」を照《て》らしてしまいましたが、もう怖《こわ》くもなんともありませんでした。

次《つぎ》の部屋《へや》の入口《いりぐち》は、ドアではなく、引《ひ》き戸《ど》でした。

ガラガラ…
引《ひ》き戸《ど》を開《あ》けて、次《つぎ》の部屋《へや》に入《はい》ったリュウちゃん。一歩《いっぽ》を踏《ふ》み出《だ》すと、床《ゆか》がきしむ音《おと》がしました。前《まえ》に、小諸《こもろ》のおじいちゃんが「雨《あま》もりがして床《ゆか》が腐《くさ》ってる」と言《い》っていた場所《ばしょ》かしら。次《つぎ》の一歩《いっぽ》でもキューッと鳴《な》って、その次《つぎ》はもっと大《おお》きな音《おと》がしました。足《あし》を出《だ》すたびに変《へん》な音《おと》がするので、リュウちゃんはまた怖《こわ》くなって泣《な》きたくなりました。そのうえ、頭《あたま》の上《うえ》をゴトゴトと、なにかが走《はし》り去《さ》っていく音《おと》がするのです。

チュウ、チュウチュウ…

ネズミです。天井裏《てんじょううら》をすみかにしているネズミの家族《かぞく》でしょうか。なにをしているのかは分《わ》かりませんが、盛《さか》んに動《うご》き回《まわ》っています。ネズミは嫌《きら》いじゃないはずですが、そのときばかりは恐《おそ》ろしいと思《おも》いました。

懐中電灯《かいちゅうでんとう》は、最後《さいご》の部屋《へや》のドアを照《て》らしていました。あと少《すこ》しです。でももうひとつ、困《こま》ったことが起《お》きました。オシッコをしたくなってしまったのです。やっぱり、あそこでトイレに行《い》っておけばよかったと後悔《こうかい》しました。大人《おとな》だったらガマンできるでしょうけれど、リュウちゃんはオシッコをしたくなったら止《と》まりません。

ふと、リュウちゃんは、最後《さいご》の部屋《へや》に窓《まど》があるのを思《おも》い出《だ》しました。

「あそこからオシッコすればいいや」

リュウちゃんはどんどん歩《ある》いて、最後《さいご》の部屋《へや》のドアを開《あ》けました。すると部《へ》屋《や》にはなぜか電気《でんき》がついていました。この部屋《へや》は、小諸《こもろ》のおじいちゃんが事務《じむ》所《しょ》にしていた小《ちい》さな洋間《ようま》です。つきあたりに窓《まど》があり、その下《した》に古《ふる》い木《き》の机《つくえ》がありました。

本棚に懐中電灯を置いたリュウちゃんは、机の上によじ登りました。カギを外し、窓を押し開けると、冷たい風がヒューっと入ってきました。

リュウちゃんは怖《こわ》いのも忘《わす》れ、ズボンを下《お》ろそうとしました、と、そのときです。

ピカッ、ゴロゴロ…

リュウちゃんはびっくりして、机《つくえ》の上《うえ》に尻《しり》もちをつきました。なんとカミナリです。冬《ふゆ》にカミナリが鳴《な》るなんて。

ふと気《き》がつくと、右手《みぎて》の下《した》に大《おお》きな本《ほん》がありました。

「の、り、も、の、ず、か、ん」

小諸《こもろ》のおじいちゃんが持《も》って来《く》るように言《い》ったのは、この本《ほん》のことかな。そう思《おも》ったリュウちゃんは机《つくえ》から降《お》りてズボンをはき、その本《ほん》を手《て》に取《と》りました。ちょっと重《おも》い本《ほん》なので脇《わき》にかかえ、懐中電灯《かいちゅうでんとう》を右手《みぎて》に持《も》って、リュウちゃんは開《あ》けっ放《ぱな》してあったドアのすき間《ま》から部屋《へや》を出《で》ました。

あいかわらず、ネズミが天井裏《てんじょううら》を走《はし》り回《まわ》る音《おと》が聞《き》こえていました。床《ゆか》のきしむ音《おと》も同《おな》じです。しかも、ピカッと光《ひか》ってはカミナリが鳴《な》って、リュウちゃんはふたたび気味《きみ》が悪《わる》くなってくるのでした。「黒田武士《くろだぶし》」、「涙《なみだ》」…。あそこをまた通《とお》らないといけないと思《おも》ったら、もうどうにもこうにも怖《こわ》くなってしまいました。

リュウちゃんは目《め》をつむって駆《か》け出《だ》しました。力《ちから》いっぱいに引《ひ》き戸《ど》を開《あ》け、次《つぎ》の部屋《へや》を超特急《ちょうとっきゅう》で通過《つうか》し、ドアを開《あ》け、渡《わた》り廊下《ろうか》をまるで風《かぜ》のように走《はし》り抜《ぬ》けました。

無我夢中《むがむちゅう》で走《はし》ったので、あっという間《ま》に、小諸《こもろ》のおじいちゃんとおばあちゃんのいる部屋《へや》に戻《もど》ってくることができました。リュウちゃんは息《いき》をきらして、かかえてきた本《ほん》を小諸《こもろ》のおじいちゃんに手渡《てわた》したのです。

「おお、よく持《も》って来《こ》れたな」

小諸《こもろ》のおじいちゃんは、大《おお》きくて分厚《ぶあつ》いメガネを鼻《はな》の頭《あたま》までずり下《お》ろし、目《め》と口《くち》を丸《まる》くしていました。

小諸《こもろ》のおじいちゃんはつづけて言《い》いました。

「ごほうびに、この本《ほん》をお前《まえ》にやる」

「えっ？」

リュウちゃんは不思議《ふしぎ》でした。これって、小諸《こもろ》のおじいちゃんが持《も》って来《こ》いといった本《ほん》でしょ。なんでぼくにくれるんだろう、と。

すると小諸《こもろ》のおばあちゃんが言《い》いました。

「もうすぐお誕生日《たんじょうび》やろ」

そうでした。あと何日《なんにち》かで、リュウちゃんは誕生日《たんじょうび》を迎《むか》えるのです。その本《ほん》は小諸《こもろ》のおじいちゃんからのお誕生日《たんじょうび》プレゼントだったのです。小諸《こもろ》のおじいちゃんには、そういう茶目《ちゃめ》っ気《け》がありました。それに、本当《ほんとう》はリュウちゃんのことを大事《だいじ》に思《おも》っていたのでしょう。

リュウちゃんが照《て》れながら「ありがとう」と言《い》うと、小諸《こもろ》のおじいちゃんは、めずらしくニコニコしていました。

「ところで、リュウちゃん。開《あ》けた窓《まど》は、ちゃんと閉《し》めてきたんだろうな」

小諸《こもろ》のおじいちゃんが、どうしてそれを知《し》っていたのかは、今《いま》でも分《わ》かりません。リュウちゃんはまたしても、こんどは窓《まど》を閉《し》めに、離《はな》れの三《みっ》つの部屋《へや》へ行《い》かなければならなくなりました。

「ひえーっ」

3
弟《おとうと》をさがせ

リュウちゃんのいたずらには、みんなが手《て》を焼《や》いていました。でも、リュウちゃんがどんなにやんちゃをしても、けっして怒《おこ》ったりしない人《ひと》がいたのです。それは赤岩《あかいわ》のおじいちゃん。リュウちゃんのお母《かあ》さんのお父《とう》さんです。赤《あか》岩《いわ》のおじいちゃんはよく言《い》ったものです。

「子《こ》どもは、与太《よた》をするのが仕事《しごと》だ」

与太《よた》というのは、いたずらのことです。子《こ》どもがいたずらをするのは、当《あ》たり前《まえ》だと言《い》うのです。赤岩《あかいわ》のおじいちゃん自身《じしん》も、相当《そうとう》なやんちゃ坊主《ぼうず》だったとか。

赤岩《あかいわ》のおじいちゃんの家《いえ》は、小海線《こうみせん》の「なかさと」駅《えき》を降《お》りて、豊《ゆた》かな自然《しぜん》の中《なか》をだいぶ歩《ある》いた「赤岩《あかいわ》」というところにありました。赤岩《あかいわ》のおじいちゃんはお百姓《ひゃくしょう》さん。赤岩《あかいわ》のおばあちゃんといっしょに、たくさんの田《た》んぼや畑《はたけ》を作《つく》っていました。

リュウちゃんは、赤岩《あかいわ》へ遊《あそ》びに行《い》くのが楽《たの》しみでした。だって、赤岩《あかいわ》は遊《あそ》ぶところだらけで、果物《くだもの》だって食《た》べ放題《ほうだい》。なにより、どんないたずらしても怒《おこ》られない。リュウちゃんが思《おも》いきり羽《はね》を伸《の》ばせる場所《ばしょ》、それが赤岩《あかいわ》だったのです。

リュウちゃんと弟《おとうと》のシンちゃんが赤岩《あかいわ》へ遊《あそ》びに行《い》くと、赤岩《あかいわ》のおじいちゃんは、いつも耕運機《こううんき》で迎《むか》えにきてくれていました。耕運機《こううんき》というのは、田畑《たはた》を耕《たがや》したり、荷物《にもつ》を運《はこ》んだりする乗《の》り物《もの》です。そんなにスピードは出《で》ませんが、乗《の》っていると、なんだか楽《たの》しくなってきます。家《いえ》に着《つ》くと、赤岩《あかいわ》おばあちゃんが庭《にわ》に出《で》てきて、いつもこう言《い》います。

「シンちゃん、よく来《き》たにー」

なぜか、まずシンちゃんに声《こえ》をかけるのです。リュウちゃんは、ほんのちょっと淋《さび》しい思《おも》いをしたものです。シンちゃんはまだ三歳《さんさい》だから、と自分《じぶん》に言《い》い聞《き》かせました。

何時《なんじ》に着《つ》いても、食卓《しょくたく》の上《うえ》にはいろんなお菓子《かし》が並《なら》んでいました。リュウちゃんはその中《なか》で「ごかぼう」という緑色《みどりいろ》のお菓子《かし》がお気《き》に入《い》りでした。赤岩《あかいわ》のおばあちゃんの入《い》れてくれるお茶《ちゃ》も、とってもおいしいのです。

赤岩《あかいわ》といえば夏《なつ》。お正月《しょうがつ》でもこま回《まわ》しやたこあげなどが待《ま》っていましたが、リュウちゃんは夏休《なつやす》みに遊《あそ》びに行《い》くのが一番好《いちばんす》きでした。朝早《あさはや》くから夕方遅《ゆうがたおそ》くまで遊《あそ》んでいられるからです。

夏休《なつやす》みの朝《あさ》といえば、まだ薄暗《うすぐら》いうちに、赤岩《あかいわ》のおじいちゃんがリュウちゃんを起《お》こしに来《き》たものです。

「起《お》きやれー。山《やま》へカブトムシ採《と》りに行《い》かざ」

普段《ふだん》はお寝坊《ねぼう》さんのリュウちゃんも、カブトムシと聞《き》いたら、もうたまりません。パッと飛《と》び起《お》きました。目《め》をこすっているシンちゃんも一緒《いっしょ》に、地下足袋《じかたび》を履《は》いた赤岩《あかいわ》のおじいちゃんの後《あと》についていきました。

「あれ、おじいちゃん。耕運機《こううんき》で行《い》かないの？」

「あんなので行《い》って大《おお》きな音《おと》を出《だ》しゃ、カブトムシがみんな逃《に》げっちむ」

カブトムシは、朝《あさ》の早《はや》い時間《じかん》にこっそり、クヌギなどの樹液《じゅえき》を吸《す》いにやってくるのです。だから捕《つか》まえるほうも、ぬき足《あし》さし足《あし》で、そっと近《ちか》づかなくては。

薄暗《うすぐら》い空《そら》の下《した》、くねくねとした小道《こみち》を通《とお》って山《やま》に向《む》かいます。赤岩《あかいわ》のおじいちゃんのいう山《やま》とは、お墓《はか》のある小《ちい》さな森《もり》のことでした。その森《もり》の入《い》り口《ぐち》をちょっと登《のぼ》ったところで、赤岩《あかいわ》のおじいちゃんは立《た》ち止《ど》まりました。クヌギの木《き》です。赤岩《あかいわ》のおじいちゃんは勢《いきお》いよく、木《き》の幹《みき》を蹴《け》りました。何度《なんど》か蹴《け》っているうちに、木《き》の上《うえ》のほうから、バラバラとなにかが落《お》ちてきました。

「あっ、カブトムシだ！」

シンちゃんの指《ゆび》さすほうを見《み》ると、ノコギリクワガタがなんと五匹《ごひき》もいたのです。

「でも、シンちゃん。これカブトムシじゃないよ。クワガタだよ」

三歳《さんさい》のシンちゃんにとっては、どれもこれもカブトムシでした。ハエとトンボ以外《いがい》は、カナブンでもカマキリでも、ゴキブリでさえカブトムシ。でも、リュウちゃんにはやっぱりこだわりがありました。リュウちゃんは、どこにでもいるクワガタより、角《つの》のあるカブトムシが欲《ほ》しかったのです。

「それじゃだめかい。ハハハッ。じゃあ、また明日《あした》きてみるだな」

家《いえ》に戻《もど》ると、赤岩《あかいわ》のおばあちゃんとお母《かあ》さんが朝《あさ》ごはんを並《なら》べていました。リュウちゃんのお腹《なか》が思《おも》わずグーッと鳴《な》りました。シンちゃんは、ごはんを食《た》べながら、いま採《と》ってきたクワガタをうれしそうに見《み》ていました。

朝《あさ》ごはんのあと、お母《かあ》さんはご用《よう》があってバスで町《まち》へ出《で》かけていきました。つづいてリュウちゃんも外《そと》へ繰《く》り出《だ》しました。外《そと》はまぶしいくらいのいいお天《てん》気《き》。きょうも暑《あつ》くなりそうです。シンちゃんも後《あと》からあわてていきました。

赤岩《あかいわ》のおじいちゃんは、庭《にわ》にいろんな遊《あそ》び物《もの》をこしらえておいてくれたものです。木《き》のブランコ、缶《かん》ぽっくり。木《き》の柵《さく》を組《く》んで、そこにシートをかぶせて水《みず》を張《は》ったプール。どれも見事《みごと》によくできていました。夏休《なつやす》みの楽《たの》しみの一《ひと》つは、なんといってもそれです。

ふたりはしばらく、庭《にわ》で愉快《ゆかい》に遊《あそ》んでいました。でもそのうち、リュウちゃんはシンちゃんがうっとうしくなってきました。とにかく、シンちゃんはリュウちゃんの真似《まね》ばかりするのです。ブランコに乗《の》っていれば「シンちゃんもやる」。缶《かん》ぽっくりに挑戦《ちょうせん》すれば「シンちゃんもやる」。なんでもかんでも、リュウちゃんと同《おな》じことをやりたがるシンちゃん。ちょっと隠《かく》れていても、シンちゃんはすぐにお兄《にい》ちゃんの居場所《いばしょ》を突《つ》き止《と》めてしまうのです。

リュウちゃんはシンちゃんから逃《のが》れようと、庭《にわ》の隅《すみ》にある大《おお》きなトガの木《き》の上《うえ》によじ登《のぼ》りました。シンちゃんはまだ三歳《さんさい》。まさか木《き》の上《うえ》まではついてこられないだろう、と思《おも》って。

ところが……。二《に》メートルほど登《のぼ》ったところで下《した》を見《み》ると、シンちゃんがリュウちゃんの足元《あしもと》まで迫《せま》ってきているではありませんか。いつでもどこでも、シンちゃんはぴったりとそばにいるのでした。

「シンちゃんなんか、もう消《き》えちゃえ！」

ひとりで気《き》ままに遊《あそ》びたい。リュウちゃんはトガの木《き》から飛《と》び降《お》りて、シンちゃんから離《はな》れて、庭《にわ》から畑《はたけ》へとつづく小《ち》さな石段《いしだん》を駆《か》け下《お》りました。

と、その瞬間《しゅんかん》、リュウちゃんは足《あし》を踏《ふ》みはずし、そのまま転《ころ》げ落《お》ちてしまったのです。リュウちゃんは頭《あたま》を打《う》ったのか、そこで気《き》を失《うしな》ってしまいました。

目《め》を覚《さ》ますと、リュウちゃんは居間《いま》の座布団《ざぶとん》の上《うえ》で、水枕《みずまくら》をして仰向《あおむ》けになっていました。起《お》きてみると誰《だれ》もいません。家《いえ》の中《なか》は静《しず》まり返《かえ》っていました。窓《まど》の外《そと》を見《み》ると、赤岩《あかいわ》のおばあちゃんが庭《にわ》のあちこちをうろちょろ動《うご》き回《まわ》っていました。なんだかひどくあわてている感《かん》じです。どうしたのでしょう。

そのうちに、赤岩《あかいわ》のおばあちゃんが家《いえ》の中《なか》に飛《と》びこんできました。そして息《いき》を切《き》らしながら、リュウちゃんにこう言《い》ったのです。

「はあ、はあ、あのな、シンちゃんがいねえだよ！　はあ、はあ……」

どうやら、リュウちゃんが眠《ねむ》っている間《あいだ》に、シンちゃんがいなくなってしまったようです。赤岩《あかいわ》のおばあちゃんによれば、リュウちゃんが石段《いしだん》から転《ころ》げ落《お》ちて気《き》を失《うしな》ったとき、シンちゃんが走《はし》って、家《いえ》の中《なか》にいた赤岩《あかいわ》のおばあちゃんに知《し》らせに行《い》ったのだそうです。現場《げんば》のほうを盛《さか》んに指差《ゆびさ》しながら、たどたどしい言葉《ことば》で、お兄《にい》ちゃんのことを一生懸命《いっしょうけんめい》に伝《つた》えたのです。

「えっとねえ、えっとねえ、お兄《にい》ちゃんがねえ、石《いし》から落《お》ちてねえ、死《し》んじゃった！」

赤岩《あかいわ》のおばあちゃんが庭《にわ》へ行《い》ってみると、リュウちゃんが倒《たお》れていました。すぐ近《ちか》くの畑《はたけ》で桑《くわ》の葉《は》っぱを集《あつ》めていた赤岩《あかいわ》のおじいちゃんを呼《よ》んで、一緒《いっしょ》にリュウちゃんを家《いえ》の中《なか》に運《はこ》んだのだそうです。シンちゃんは、ずっとリュウちゃんの寝《ね》ているそばにいたようですが、いつのまにかいなくなっていたのでした。

リュウちゃんはその話《はなし》をきいて、シンちゃんに会《あ》いたいと思《おも》いました。シンちゃんは一体《いったい》どこへ行《い》ってしまったのでしょう。

「ボクも、シンちゃんを探《さが》してくる！」

赤岩《あかいわ》のおじいちゃんは今《いま》、あちこちを探《さが》し回《まわ》っているらしい。リュウちゃんも心当《こころあ》たりを探《さが》してみようと思《おも》いました。

まず思《おも》いついたのは、今朝《けさ》カブトムシを採《と》りに行《い》った場所《ばしょ》。リュウちゃんは、くねくねとした小道《こみち》を走《はし》りに走《はし》って、山《やま》の入《い》り口《ぐち》まで行《い》ってみました。シンちゃんはきていないようです。ちょっとした高台《たかだい》に登《のぼ》ると、そこからリュウちゃんたちが遊《あそ》び場《ば》にしている野原《のはら》や小川《おがわ》が一望《いちぼう》できました。駅《えき》のほうをみると、ちょうど蒸気機関車《じょうききかんしゃ》が動《うご》き始《はじ》めるところでした。「高原《こうげん》のポニー」とも呼《よ》ばれていた蒸気機関車《じょうききかんしゃ》です。

「あれを見《み》に行《い》ったのかな」

リュウちゃんは山道《さんどう》を駆《か》け下《お》り、駅《えき》に向《む》かってひたすらに走《はし》りました。

「おいリュウちゃん、なにしただい」

途中《とちゅう》で、近所《きんじょ》のおじさんが田《た》んぼの中《なか》から声《こえ》をかけてきました。でも、リュウちゃんは黙《だま》って走《はし》り去《さ》りました。そのおじさん、人柄《ひとがら》は良《よ》いのですが、リュウちゃんには怖《こわ》いおじさんでした。前《まえ》に「食《く》っちむぞ」と、かまわれたことがあったからです。

駅《えき》のそばまで来《く》ると、こんどは、近所《きんじょ》のおばさんがリュウちゃんを呼《よ》びとめました。

「リュウちゃん、なにかあっただかい」

リュウちゃんは、かくかくしかじか、シンちゃんを探《さが》していることを話《はな》しました。

「リュウちゃん早口《はやくち》で、なんだかよく分《わ》からねえ」

リュウちゃんはうなだれて、とぼとぼと駅《えき》に向《む》かいました。駅《えき》といっても淋《さび》しい無人駅《むじんえき》です。シンちゃんがいないことは、すぐに分《わ》かりました。

そこからちょっと歩《ある》いたところには小川《おがわ》があります。そこは春《はる》に遊《あそ》びに来《き》たときに、赤岩《あかいわ》のおじいちゃんと鮒《ふな》を採《と》りに行《い》った場所《ばしょ》です。でもそのとき、シンちゃんはとても怖《こわ》がっていたから、あそこへは行《い》かないだろうと思《おも》いました。

「あ、東《ひがし》のおばさんの家《いえ》に行《い》ったのかもしれない」

東《ひがし》のおばさんというのは、赤岩《あかいわ》のおじいちゃんの家《いえ》の東側《ひがしがわ》の家《いえ》で、ひとり暮《ぐ》らしをしていた親《しん》せきのおばあさんです。リュウちゃんとシンちゃんを孫《まご》のようにかわいがっていて、遊《あそ》びに行《い》くと、いつもおいしいお菓子《かし》をふるまってくれました。シンちゃんがそこへ、しょっちゅうひとりで遊《あそ》びに行《い》っているのを思《おも》いだしたのです。

リュウちゃんは汗《あせ》をかきかき、東《ひがし》のおばさんの家《いえ》をめざしました。なんだかちょっと疲《つか》れてきて、だんだん泣《な》きたくなってきました。

東《ひがし》のおばさんの家《いえ》に着《つ》くと、東《ひがし》のおばさんは頬《ほお》かむり（てぬぐいを帽子《ぼうし》のように頭《あたま》から顔《かお》にかけてまくこと）をして庭《にわ》に水《みず》をまいていました。

「こんにちは。シンちゃんきていますか」

「あれ、まだシンちゃん見《み》つかってないの？」

東《ひがし》のおばさんは頬《ほお》かむりを取《と》って、心配《しんぱい》そうに目《め》を細《ほそ》めました。そこへ赤岩《あかいわ》のおばあちゃんがやってきて、東《ひがし》のおばさんに言《い》いました。

「まだ見《み》つからねえだことい。やだおらぁ、困《こま》ったただいや。警察《けいさつ》に捜《さが》してもらわずか」

赤岩《あかいわ》のおばあちゃんは、あちこちをキョロキョロと見回《みまわ》しながら、本当《ほんとう》に困《こま》りはてた顔《かお》をしていました。リュウちゃんは「警察《けいさつ》」という言葉《ことば》を聞《き》いて、ドキドキしてしゃがみこんでしまいました。ちょっと前《まえ》に、誘拐事件《ゆうかいじけん》のニュースを聞《き》いていたリュウちゃんだったのです。

「誘拐《ゆうかい》されちゃったのかなあ。どうしよう…」

リュウちゃんは泣《な》きながら駆《か》け出《だ》しました。走《はし》りながら、「シンちゃんなんか、もう消《き》えちゃえ！」と言《い》ってしまったことを思《おも》い出《だ》して、しきりに後悔《こうかい》したのです。

家《いえ》の中《なか》に戻《もど》ったリュウちゃんは、お座敷《ざしき》に積《つ》み上《あ》げてあった布団《ふとん》に倒《たお》れこんで、顔《かお》をうずめました。そして「シンちゃん……」とつぶやくのでした。

すると、積《つ》み上《あ》げてある布団《ふとん》の後《うし》ろのほうから物音《ものおと》がしました。リュウちゃんがそこをのぞいてみると、なんと、シンちゃんが寝《ね》ているじゃありませんか！

「シンちゃん！」

リュウちゃんが大《おお》きな声《こえ》を出《だ》したので、赤岩《あかいわ》のおじいちゃんとおばあちゃんと、東《ひがし》のおばさんが外《そと》からお座敷《ざしき》に駆《か》けこんできました。みんなシンちゃんを見《み》つけて、ホッとした表情《ひょうじょう》になっていました。

「こんなところで寝《ね》てただかい。気《き》づかなんだ」

と、赤岩《あかいわ》のおばあちゃん。目《め》を覚《さ》ましたシンちゃんは、訳《わけ》も分《わ》からず、ただ、ぼーっとしているのでした。

あとで、シンちゃんがこう言《い》っていました。

「にいちゃんが死《し》んじゃったかと思《おも》って、ずっと泣《な》いていたんだ」

その説明《せつめい》からすると、リュウちゃんが石段《いしだん》から転《ころ》げ落《お》ちて気《き》を失《うしな》ったのを、自分《じぶん》のせいだと思《おも》いこんだのかも知《し》れません。どうしようもなくて、お座敷《ざしき》に隠《かく》れて泣《な》いていたのです。泣《な》いているうちに寝入《ねい》ってしまったのでしょう。

「なんだ、もう一時過《いちじす》ぎているだに。さあ、昼《ひる》めしにしらざ」

赤岩《あかいわ》のおじいちゃんがそう言《い》っているところへ、お母《かあ》さんが、ご用《よう》を終《お》わらせて帰《かえ》ってきました。リュウちゃんは赤岩《あかいわ》のおばあちゃんと競《きそ》って、お母《かあ》さんにこれまでのことをまくし立《た》てるのでした。

「いっぺんに言《い》われても、なんだかよく分《わ》からないよ。ふたりとも早口《はやくち》で……」

お母《かあ》さんはそう言《い》って笑《わら》いました。

お昼《ひる》ごはんをいただいたあと、リュウちゃんとシンちゃんは裸《はだか》になって、庭《にわ》のプールで水《みず》あそびを始《はじ》めました。あいかわらず、シンちゃんはリュウちゃんのそばから離《はな》れません。でも、リュウちゃんはもう、シンちゃんを邪魔《じゃま》にするようなことはしませんでした。

4 お母《かあ》さんを迎《むか》えに行《い》こう

それは、ある冬《ふゆ》の、土曜日《どようび》の夜《よる》の出来事《できごと》でした。

リュウちゃんと弟《おとうと》のシンちゃんは、ちょっとのあいだ、ふたりきりで留守番《るすばん》をすることになりました。PTA《ピーティーエー》の集《あつ》まりがあって、その役員《やくいん》をしていたお母《かあ》さんが出《で》かけなくてはなりません。そのうえ、お父《とう》さんも帰《かえ》りが遅《おそ》くなるというのです。

「三十分《さんじっぷん》で戻《もど》ってくるから、とにかくストーブにだけは、絶対《ぜったい》に気《き》をつけてね」

お母《かあ》さんは、リュウちゃんに念《ねん》を押《お》しました。

「だいじょうぶ。コタツにあたってテレビ観《み》ているから」

こんな夜《よる》に、ふたりきりで留守番《るすばん》をするのは初《はじ》めてのことです。でも、お兄《にい》ちゃんの立場《たちば》としては、ここが腕《うで》の見《み》せどころです。それにリュウちゃんは、お母《かあ》さんに大役《たいやく》を任《まか》されたことを誇《ほこ》らしく思《おも》いました。

お母《かあ》さんが出《で》かけて三十分《さんじっぷん》が経《た》ちました。そろそろ帰《かえ》ってくるはずです。ところが、さらに十分《じっぷん》たっても二十分《にじっぷん》たっても、お母《かあ》さんが帰《かえ》ってくる気配《けはい》はありません。

「お母《かあ》さん、どうしたのかな……」

シンちゃんが、心配《しんぱい》そうにつぶやきました。ふたりで時計《とけい》とにらめっこをしているうちに、もう一時間《いちじかん》が過《す》ぎていました。リュウちゃんもだんだん、不安《ふあん》にかられてきました。

クンクン。ふと気《き》がつくと、なんだか石油《せきゆ》くさい。ストーブを見《み》ると、にわかに炎《ほのお》が消《き》えていく。石油《せきゆ》がなくなってしまったようです。そのうちに、部屋《へや》の中《なか》が冷《ひ》えこんできました。リュウちゃんはすかさず、電気《でんき》ゴタツの温度《おんど》を上《あ》げました。

「背中《せなか》が寒《さむ》いよう」

シンちゃんは心細《こころぼそ》さも手伝《てつだ》ってか、みじめな顔《かお》でリュウちゃんに訴《うった》えかけました。困《こま》ったリュウちゃんでしたが、いいアイディアを思《おも》いつきました。

「電気毛布《でんきもうふ》を背中《せなか》にかければいいかも」

さっそく、ふたりはいつも使《つか》っている自分《じぶん》たちの電気毛布《でんきもうふ》を持《も》ってきて、それぞれ、からだをすっぽりとくるみました。電気毛布《でんきもうふ》はすぐに温《あたた》まりました。

「わーい、あったかーい」

ふたりはにっこりと、笑顔《えがお》を交《か》わしました。

と、突然《とつぜん》、部屋《へや》の中《なか》が真《ま》っ暗《くら》になりました。あかりだけでなく、電気《でんき》ゴタツも電気毛布《でんきもうふ》も、すべてが消《き》えてしまったのです。いったいなにが起《お》こったのでしょう。

停電《ていでん》です。家《いえ》の中《なか》で使《つか》う電気《でんき》には、決《き》まった容量《ようりょう》というものがあります。それを超《こ》えてしまうと、電気《でんき》が流《なが》れすぎないように停電《ていでん》になってしまうのです。電気《でんき》ゴタツと電気毛布《でんきもうふ》をいっぺんに使《つか》ったからでしょう。

突然《とつぜん》、カチっという音《おと》がして、暗闇《くらやみ》にシンちゃんの顔《かお》が、怪《あや》しく浮《う》かび上《あ》がりました。

「ひえーっ！」

リュウちゃんは思《おも》わず悲鳴《ひめい》を上《あ》げました。シンちゃんは、いつのまにか懐中電灯《かいちゅうでんとう》を手《て》にしていたのです。

真《ま》っ暗《くら》な部屋《へや》はすっかり冷《ひ》えきって、鼻《はな》や耳《みみ》がジンジンとしてきます。懐中《かいちゅう》電灯《でんとう》をあちこちに向《む》けて遊《あそ》んでいたシンちゃんでしたが、鼻水《はなみず》をすっているうちに泣《な》き出《だ》しました。リュウちゃんは、ふと思《おも》いつきました。

「お母《かあ》さんを迎《むか》えに行《い》こう。シンちゃん、ジャンパー着《き》ておいで。帽子《ぼうし》と手袋《てぶくろ》もね」

外出《がいしゅつ》の支度《したく》をしたふたりは、それぞれ長靴《ながぐつ》を履《は》いて玄関《げんかん》を出《で》ました。リュウちゃんの家《いえ》は、大《おお》きな団地《だんち》にあるアパートの1階《かい》にありました。誰《だれ》もいない、冷《つめ》たいコンクリートの通路《つうろ》をたどって外《そと》へ抜《ぬ》けました。

街灯《がいとう》がポツンと冷《つめ》たく光《ひか》っていて、粉雪《こなゆき》の舞《ま》う淋《さび》しげな道路《どうろ》を懐中電灯《かいちゅうでんとう》で照《て》らしながら、ふたりは並《なら》んで歩《ある》きました。お母《かあ》さんがいるのは地域《ちいき》の公民館《こうみんかん》です。それほど遠《とお》くない公園《こうえん》の中《なか》にあって、行事《ぎょうじ》があるたびに、リュウちゃんもよく行《い》っていました。

公民館《こうみんかん》に着《つ》くと静《しず》まり返《かえ》っていて、なんだか様子《ようす》がおかしい。どの窓《まど》にもあかりが灯《とも》っていないのです。すぐに誰《だれ》もいないことが分《わ》かりました。どうなっているのでしょう。お母《かあ》さんは確《たし》かに、公民館《こうみんかん》へ行《い》くと言《い》って出《で》かけたのです。

リュウちゃんはふと「イノグチさん」という人《ひと》の名前《なまえ》を思《おも》い出《だ》しました。イノグチさんは教養部《きょうようぶ》の部長《ぶちょう》さんで、リュウちゃんもよく顔《かお》を合《あ》わせていたのです。

「イノグチさんの家《いえ》に行《い》って聞《き》いてみよう」

シンちゃんにそう言《い》おうとすると、シンちゃんがいません。そこは、公民館《こうみんかん》の入《い》り口《ぐち》に立《た》つ街灯《がいとう》だけが頼《たよ》りの薄暗《うすぐら》い公園《こうえん》です。リュウちゃんは目《め》を凝《こ》らして、あたりを見渡《みわた》しました。

と、どこからかシンちゃんの声《こえ》が聞《き》こえてきました。

「にいちゃーん、にいちゃーん……」

声《こえ》のするほうへ行《い》ってみると、シンちゃんは両足《りょうあし》がぬかるみにはまって、動《うご》けなくなっていました。

「だってボールが……」

リュウちゃんはシンちゃんの指《ゆび》さす、ぬかるみの奥《おく》まったところに懐中電灯《かいちゅうでんとう》を向《む》けました。すると本当《ほんとう》に、ボールが半分《はんぶん》うまっていました。でも、そんなボールなんかよりもシンちゃん大変《たいへん》です。リュウちゃんは玄関《げんかん》の前《まえ》に戻《もど》って、そこにいくつか立《た》てかけられていた傘《かさ》の一本《いっぽん》を手《て》にしました。そしてふたたびシンちゃんのところに行《い》って、その傘《かさ》をさし向《む》けるのでした。

「この傘《かさ》につかまれ！」

シンちゃんは傘《かさ》の「取《と》っ手《て》」につかまり、ぬかるみから左足《ひだりあし》を引《ひ》き抜《ぬ》きました。ところが右足《みぎあし》がなんとしても抜《ぬ》けない。ふたりは必死《ひっし》になりました。

「よいしょ、よいしょ」

何度《なんど》か傘《かさ》を引《ひ》き合《あ》ううちに、ようやく右足《みぎあし》が抜《ぬ》けました。そしてシンちゃんは転《ころ》がるようにして、ぬかるみから脱出《だっしゅつ》することができました。ああ、よかった。と思《おも》いきや、シンちゃんが泣《な》き出《だ》しました。抜《ぬ》けたのは足《あし》だけで、長靴《ながぐつ》はそのままぬかるみに残《のこ》ってしまったのです。しかも、靴下《くつした》は泥《どろ》にまみれてぐし

よぐしょ。

「泣《な》くな！　いいから靴下《くつした》を脱《ぬ》げ」

リュウちゃんはまたどこかへ走《はし》って行《い》って、ほどなく戻《もど》ってきました。その手《て》には、公民館《こうみんかん》のスリッパの片方《かたほう》が。いつだったか、公民館《こうみんかん》の玄関先《げんかんさき》で上級生《じょうきゅうせい》とケンカになったとき、スリッパを投《な》げて応戦《おうせん》したことを思《おも》い出《だ》したのです。そのスリッパの一《ひと》つが外《そと》に残《のこ》っているのを、傘《かさ》を取《と》りに行《い》ったときに見《み》つけていたのでした。リュウちゃんは長靴《ながぐつ》の右片方《みぎかたほう》を脱《ぬ》いで、それをシンちゃんに履《は》かせると、自分《じぶん》はそのスリッパを履《は》くのでした。

「さあ、行《い》くよ」

舞《ま》っていた粉雪《こなゆき》は、いつのまにか牡丹雪《ぼたんゆき》に変《か》わっていました。何《なん》メートルか先《さき》のものがぼやけて見《み》えるほどのたいへんな降《ふ》りようです。

団地《だんち》には、Ａ《エー》・Ｂ《ビー》・Ｃ《シー》の三《みっ》つの区域《くいき》があります。リュウちゃんたちの住《す》むのはＡ《エー》地区《ちく》。そしてイノグチさんの住《す》むアパートはＢ《ビー》地区《ちく》。リュウちゃんは、実《じっ》はそこまでしか知《し》らなかったのです。Ｂ《ビー》地区《ちく》には三十棟《さんじゅうむね》ほどのアパートが並《なら》んでいて、一棟《ひとむね》につき五軒《ごけん》の家族《かぞく》が住《す》んでいます。とにかくそのあたりに行《い》って、一軒《いっけん》ずつ表札《ひょうさつ》を見《み》て回《まわ》ろう。リュウちゃんはそう考《かんが》えました。

その日《ひ》は、冬休《ふゆやす》みの初日《しょにち》でした。おじいちゃんやおばあちゃんのところへ出《で》かけている人《ひと》が多《おお》かったのでしょうか。団地全体《だんちぜんたい》が薄暗《うすぐら》く、静《しず》まり返《かえ》っていました。雪《ゆき》も吹雪《ふぶき》のように激《はげ》しくなってきて、ふたりは黙《だま》ったまま、身《み》を寄《よ》せ合《あ》いながら足《あし》を進《すす》めるのでした。リュウちゃんの片足《かたあし》はスリッパです。雪《ゆき》にまみれて、足《あし》が氷《こおり》のように冷《つめ》たくなっていました。

ふたりはB《ビー》地区《ちく》に入《はい》りました。イノグチさんのお宅《たく》は、西《にし》の端《はじ》のほうだと聞《き》いたような気《き》がする。

「西《にし》はどっちだ？」

雪《ゆき》、また雪《ゆき》。方向《ほうこう》なんて、まるで分《わ》かりやしない。リュウちゃんはちょっと泣《な》きたくなりました。でもすぐに気持《きも》ちを奮《ふる》い立《た》たせました。ぼくはお兄《にい》ちゃんだ！

最初《さいしょ》のアパートの一番隅《いちばんすみ》の部屋《へや》の表札《ひょうさつ》を見《み》ると、「ヤマザキ」と書《か》いてある。そのお隣《となり》は「カワグチ」、「コジマ」、「タカヤマ」、「ナカザワ」。ここじゃない。リュウちゃんは漢字《かんじ》を読《よ》むのが得意《とくい》でした。学校《がっこう》でまだ習《なら》っていない漢字《かんじ》でさえ読《よ》めてしまうのです。リュウちゃんはシンちゃんの手《て》を引《ひ》いて、次《つぎ》のアパートへ向かいました。

「タニ」、「クロダ」、「タカマツ」、「ノグチ」、「キムラ」。ここも違《ちが》う。と、そのとき、「タカマツ」の玄関口《げんかんぐち》から誰《だれ》かが出《で》てきました。よく見《み》ると、それは同級生《どうきゅうせい》のユタカ君《くん》ではありませんか。

「ユタカ君《くん》！」

ユタカ君《くん》は一瞬《いっしゅん》びくっとしたようでしたが、すぐにふたりに気《き》がつきました。

「え？　リュウ……ちゃん？　どうした、こんな所《ところ》で。あれ、シンちゃんまで……」

「ユタカ君《くん》、イノグチさんちって、どこだか知《し》ってる？　PTA《ピーティーエー》の人《ひと》」

リュウちゃんは鼻水《はなみず》をすすりながら、小《ちい》さな声《こえ》でそうたずねました。

「PTA《ピーティーエー》の？　ああ、ノグチさんのことかな。その家《いえ》だったら、ほらそこだよ」

「イノグチさん」というのは、リュウちゃんの思《おも》い違《ちが》いで、正《ただ》しくは「ノグチさん」だったようです。しかもユタカ君《くん》の家《いえ》のすぐ隣《となり》だったとは。ユタカ君《くん》に会《あ》えて本当《ほんとう》に助《たす》かりました。

「ありがとう！」

リュウちゃんは笑顔《えがお》を見《み》せながら、ノグチさんの家《いえ》の前《まえ》に立《た》ちました。玄関《げんかん》のチャイムを鳴《な》らすと、すぐに見覚《みおぼ》えのある女《おんな》の人《ひと》が出《で》てきました。そしてその人《ひと》は、リュウちゃんの顔《かお》を見《み》るなり、あわてたように言《い》いました。

「あれまあ、ツチヤさんの……。お母《かあ》さん、さっきお帰《かえ》りになったわよ」

PTA《ピーティーエー》の集《あつ》まりは公民館《こうみんかん》ではなく、ノグチさんの家《いえ》で行《おこな》われていたようです。お母《かあ》さんはうっかりしていて、公民館《こうみんかん》に行《い》ったら誰《だれ》もいなかったので、そこで間違《まちが》いに気《き》がついたのでしょう。でも、さっきまでお母《かあ》さんがここにいた。それを知《し》って、ちょっとホッとしたリュウちゃん。シンちゃんを連《つ》れてお母《かあ》さんを迎《むか》えに来《き》たことを、ノグチさんに打《う》ち明《あ》けました。

「じゃあ、帰《かえ》ります」

ふいに寒《さむ》さが襲《おそ》ってきました。

とにかくお母《かあ》さんを追《お》いかけよう。雪《ゆき》を丸《まる》めて遊《あそ》んでいたシンちゃんの手《て》を引《ひ》いて、片足《かたあし》がスリッパのリュウちゃんは駆《か》け出《だ》すのでした。

さっき来《き》た道《みち》を戻《もど》るだけです。坂道《さかみち》を下《くだ》って公園《こうえん》を抜《ぬ》け、遠《とお》くに見《み》えるA地《エーち》区《く》のあかりをめざして、走《はし》りに走《はし》りました。もうすぐ、です。

ふいに、リュウちゃんは足《あし》を滑《すべ》らせ、からだのバランスを失《うしな》いました。そしてあろうことか、シンちゃんといっしょに道路《どうろ》わきの側溝《そっこう》に転《ころ》げ落《お》ちてしまったのです。それほど幅《はば》のない、深《ふか》さもない側溝《そっこう》でしたが、ふたりとも、もうびしょ濡《ぬ》れ。

側溝《そっこう》からふたりで這《は》い上《あ》がろうとすると、上流《じょうりゅう》の方《ほう》から、なにやら薄気味《うすきみ》の悪《わる》い、うめき声《こえ》が聞《き》こえてくるではありませんか。リュウちゃんたちは震《ふる》え上《あ》がりました。

　おそるおそる目《め》を凝《こ》らしてよく見《み》ると、側溝《そっこう》に誰《だれ》かが横向《よこむ》きに倒《たお》れこんでいる。その人《ひと》は暗《くら》がりの中《なか》で、苦《くる》しそうな声《こえ》を上《あ》げながらもがいていました。オオカミの遠吠《とおぼ》えなんて聞《き》いたことはないけれど、きっとこういう声《こえ》なんだろう。でも、どうしよう。助《たす》け出《だ》さなきゃ！

　リュウちゃんはシンちゃんを押《お》し上《あ》げ、つづいて自分《じぶん》も道路《どうろ》に這《は》い上《あ》がりました。と、目《め》の前《まえ》が急《きゅう》に明《あか》るくなりました。ヘッドライトを光《ひか》らせた自動車《じどうしゃ》が止《と》まって、誰《だれ》かがふたり、そこへ下《お》り立《た》ったのです。シンちゃんが明《あか》るく声《こえ》を上《あ》げました。

「お母《かあ》さんだ！　お父《とう》さんだ！」

「シンちゃん！　リュウちゃん！」

　いつもいっしょに暮《く》らしている家族《かぞく》が、こんな出会《であ》い方《かた》をするなんて。そばにいるのが当《あ》たり前《まえ》。でも、いっしょにいてこその家族《かぞく》。家族《かぞく》そろっての幸《しあわ》せなのです。

「おまえら、こんなところでなにをやっているんだ」

　お父《とう》さんは怒《おこ》ったようにそう言《い》いながら、あたりをキョロキョロと見回《みまわ》しました。なにかを探《さが》しているようです。リュウちゃんは首《くび》をかしげました。お父《とう》さんとお母《かあ》さんは、僕《ぼく》らを探《さが》しに来たんじゃないの？

「お父《とう》さん、ここ、ここ！」

お母《かあ》さんは手招《てまね》きをして、お父《とう》さんを誘導《ゆうどう》しました。そしてお父《とう》さんとお母《かあ》さんは、うめき声《ごえ》のする側溝《そっこう》に駆《か》け寄《よ》ったのです。

「だいじょうぶですか！」

「私《わたし》の肩《かた》につかまってください！」

お父《とう》さんとお母《かあ》さんは力《ちから》を合《あ》わせて、泥《どろ》だらけになった「その人《ひと》」を側溝《そっこう》から助《たす》け出《だ》しました。「その人《ひと》」は、ひどく酔《よ》っ払《ぱら》っているようでした。

「お母《かあ》さんたちはこれから、このおじさんをおうちまで送《おく》って行《い》くから、リュウちゃん、シンちゃんと先《さき》に帰《かえ》って、お風呂《ふろ》に入《はい》っていなさい」

お母《かあ》さんは、ノグチさんのところから帰《かえ》る途中《とちゅう》で、側溝《そっこう》に落《お》ちて動《うご》けなくなっている「その人《ひと》」を見《み》つけたのでした。車《くるま》を取《と》りに行《い》って、たまたま帰宅《きたく》したお父《とう》さんといっしょに、「その人《ひと》」を助《たす》けに来《き》たというわけです。

リュウちゃんとシンちゃんが家《いえ》に戻《もど》ると、停電《ていでん》は直《なお》っていて灯《あ》かりがついていました。ふたりは濡《ぬ》れそぼった服《ふく》をはぎ取《と》り、早速《さっそく》、お風呂《ふろ》に飛《と》びこみました。

「ひえーっ！」

ふたりは同時《どうじ》に悲鳴《ひめい》を上《あ》げました。お風呂《ふろ》はまだ水《みず》のままだったのです。

「お母《かあ》さんたち、遅《おそ》いねえ……」

しばらくして、お父《とう》さんとお母《かあ》さんが帰《かえ》って来《き》ました。そこには電気毛布《でんきもうふ》にくるまり、コタツにぬくぬくとあたりながらウトウトしている、リュウちゃんとシンちゃんの姿《すがた》がありました。

5
秋《あき》のぼうけん遠足《えんそく》

人一倍《ひといちばい》わんぱくなリュウちゃん。でも、幼稚園《ようちえん》の頃《ころ》から走《はし》るのだけは苦手《にがて》でした。そして転《ころ》んでばかりいました。いろんな人《ひと》に「リュウちゃんは、よく転《ころ》ぶなあ」と言《い》われたものです。つまずくだけでなく、足《あし》の力《ちから》が急《きゅう》に抜《ぬ》けて倒《たお》れこんでしまうことも。

実《じつ》は、それは「筋《きん》ジストロフィー」という大変《たいへん》な病気《びょうき》の前《まえ》ぶれだったのですが、落《お》ち着《つ》きのないリュウちゃんらしい動《うご》きだと思《おも》って、誰《だれ》もそれを疑《うたが》いませんでした。

小学校《しょうがっこう》の三年生《さんねんせい》になると、手足《てあし》の動《うご》きそのものが鈍《にぶ》くなりました。だから鉄《てつ》棒《ぼう》も跳《と》び箱《ばこ》も、縄跳《なわと》びもうまくできません。運動会《うんどうかい》はもちろん、最悪《さいあく》でした。なにをやっても遅《おく》れたり転《ころ》んだりするのです。リュウちゃんは、すっかり笑《わら》い者《もの》になってしまいました。

そんなリュウちゃんに、担任《たんにん》の高井先生《たかいせんせい》は腹《はら》を立《た》てるのでした。

「やる気《き》があるのか！」

クラスの仲間《なかま》たちも、リュウちゃんをどうしようもない怠《なま》け者《もの》だと思《おも》いました。でも、けっして怠《なま》けているわけではありません。どうやっても、思《おも》いどおりに身体《からだ》がついてこないのです。

秋《あき》の遠足《えんそく》が近《ちか》づいて、クラスでは、リュウちゃんをどうやって連《つ》れていくか、という話《はな》し合《あ》いになりました。

「おんぶしていけば？」

「騎馬戦《きばせん》みたいにしたらどうかな」

「でも、すごい坂《さか》になったらどうしよう」

みんな、それなりにいろいろ考《かんが》えてくれましたが、なかなか答《こた》えが見《み》つかりません。結局《けっきょく》、高井先生《たかいせんせい》の提案《ていあん》で、リュウちゃんをロープで引《ひ》っ張《ぱ》っていくことになったのです。

そしていよいよ遠足《えんそく》の当日《とうじつ》。十月《じゅうがつ》だというのに、朝《あさ》からまるで夏《なつ》のような暑《あつ》さでした。目的地《もくてきち》は富士《ふじ》の塔《とう》。それほど高《たか》い山《やま》ではありませんが、天気《てんき》が良《よ》ければ、頂上《ちょうじょう》から、はるかかなたの富士山《ふじさん》がうっすら見《み》えるという不思議《ふしぎ》な山《やま》です。

リュウちゃんは、重《おも》たい心《こころ》を引《ひ》きずって歩《ある》きました。

山道《さんどう》にさしかかったところで足取《あしど》りが鈍《にぶ》ってきたリュウちゃんは、おなかにロープを巻《ま》かれました。力持《ちからも》ちのカツミ君《くん》にぐいぐいと引《ひ》っ張《ぱ》られ、リュウちゃんは一歩一歩《いっぽいっぽ》、足《あし》を進《すす》めていきます。とつとつとしたその動《うご》きは、まるでロボットです。それにテレビの時代劇《じだいげき》で、悪《わる》いことをした人《ひと》がこんなふうに引《ひ》かれていくのを見《み》たことがあります。恥《は》ずかしくて、自分《じぶん》がみじめに思《おも》えてきました。

四《し》、五十分《ごじっぷん》ほど行《い》ったところで、大《おお》きな木《き》をくぐって広《ひろ》い林道《りんどう》に出《で》ました。そこは普段《ふだん》、木《き》を切《き》る仕事《しごと》をしている人《ひと》たちが使《つか》っている道《みち》です。歩《ある》くのもぐっと楽《らく》になりました。

しばらく歩《ある》くと、ちょっとした広場《ひろば》が見《み》えてきて、そこで休憩《きゅうけい》をすることになりました。やっと、おやつを食《た》べられるのです。ところが、高井先生《たかいせんせい》の大《おお》きな声《こえ》が聞《き》こえてきたのです。

「みんな、いいですか。リュウちゃんがいるので、ちょっと予定《よてい》が遅《おく》れていきます。休憩《きゅうけい》を切《き》り上《あ》げて先《さき》を急《いそ》ぎます」

キャラメルを一粒《ひとつぶ》食《た》べ終《お》わったばかりで、もう出発《しゅっぱつ》だなんて。それも僕《ぼく》のせいで……。リュウちゃんはうな垂《だ》れてため息《いき》をつきました。すると前《まえ》を通《とお》りかかった高井先生《たかいせんせい》が、リュウちゃんをにらんでつぶやきました。

「ため息《いき》をつきたいのは、こっちだ」

六十人《ろくじゅうにん》の遠足隊《えんそくたい》はまた、黙々《もくもく》と頂上《ちょうじょう》をめざしました。リュウちゃんはあいかわらず、ロープを巻《ま》かれて歩《ある》きつづけたのです。

足首《あしくび》になにかのツルが巻《ま》きついたので「ちょっとストップ」と言《い》っても、引《ひ》っ張《ぱ》るほうも夢中《むちゅう》ですから聞《き》いてもらえません。リュウちゃんは転《ころ》んで、手首《てくび》の筋《すじ》を違《ちが》えてしまいました。リュウちゃんは歯《は》を食《く》いしばって立《た》ち上《あ》がり、また歩《ある》き出《だ》すのでした。

ロープの引手《ひきて》が、親友《しんゆう》のシゲル君《くん》に代《か》わりました。坊主頭《ぼうずあたま》のシゲル君《くん》は、小《こ》柄《がら》なのに力《ちから》があります。高井先生《たかいせんせい》が「一番《いちばん》きつい」と言《い》っていた坂道《さかみち》では、リュウちゃんが想像《そうぞう》していたより、ずっと楽《らく》に歩《ある》くことができました。シゲル君《くん》はただ引《ひ》っ張《ぱ》るだけでなく、リュウちゃんが歩《ある》くのに邪魔《じゃま》になりそうな石《いし》を足《あし》で払《はら》いのけてくれたりしました。

そして、ようやく富士《ふじ》の塔《とう》の頂上《ちょうじょう》にたどり着《つ》いたのです。出発《しゅっぱつ》から二時間《にじかん》ぐらいで到着《とうちゃく》したはずですが、リュウちゃんにとっては半日《はんにち》もかかったような印《いん》象《しょう》です。

みんなはいっせいに富士山《ふじさん》の姿《すがた》を探《さが》しました。抜《ぬ》けるような秋晴《あきば》れだったのですが、遠《とお》くのほうは霞《かす》んでいて、残念《ざんねん》ながら誰《だれ》も富士山《ふじさん》を見《み》ることはできませんでした。不思議《ふしぎ》なことの大好《だいす》きなリュウちゃんはがっかり。雲《くも》の向《む》こうにはあの富士山《ふじさん》があるのに、とくやしい気《き》がしました。

お弁当《べんとう》の入《はい》った袋《ふくろ》を開《あ》けると、おにぎりの海苔《のり》と卵焼《たまごや》きの混《ま》ざった、いい匂《にお》いがしました。リュウちゃんはその匂《にお》いが大好《だいす》きです。隣《となり》に座《すわ》ったシゲル君《くん》は、リュウちゃんのお弁当《べんとう》をのぞきこんで、「いいなあ、ウインナー」とポツリ。タコの形《かたち》になっている赤《あか》いウインナー・ソーセージです。リュウちゃんは三《みっ》つあるうちの一《ひと》つを爪楊枝《つまようじ》で刺《さ》して、シゲル君《くん》にあげました。

「帰《かえ》りは下《くだ》り坂《ざか》だから、楽《らく》かもね」

ヒロフミ君《くん》が、そう言《い》いながら近《ちか》づいてきました。彼《かれ》もリュウちゃんとは大《だい》の仲良《なかよ》し。この遠足《えんそく》では、リュウちゃんの身体《からだ》を後押《あとお》しする役《やく》を務《つと》めています。

「ヒロフミ君《くん》もウインナーいる？」

リュウちゃんはヒロフミ君《くん》にウインナー・ソーセージを渡《わた》して、自分《じぶん》もいっしょにほおばりました。やわらかな風《かぜ》が、笑顔《えがお》を交《か》わす三人《さんにん》の頬《ほお》を優《やさ》しくなでるのでした。リュウちゃんはちょっとだけ、遠足《えんそく》にきて良《よ》かったと思《おも》いました。でも、そんな思《おも》いは、いっぺんにかき消《け》されてしまうことになります。

帰《かえ》る時間《じかん》となり、みんなはそれぞれ、お弁当《べんとう》を空《から》にして軽《かる》くなったリュックを背負《せお》って、山道《さんどう》を下《くだ》っていきました。

リュウちゃんにはもうロープの必要《ひつよう》はありませんでした。下《くだ》り坂《ざか》だったら、そんなに苦労《くろう》をしなくてもいい。もう家《いえ》に帰《かえ》るだけなのですから。

来《き》た道《みち》を戻《もど》るだけなのですが、景色《けしき》がちょっと違《ちが》う。リュウちゃんは面白《おもしろ》い気《き》がしました。でも通《とお》った記憶《きおく》はあります。記憶力《きおくりょく》に長《た》けたリュウちゃんは、方向《ほうこう》が違《ちが》っていても、その場所《ばしょ》その場所《ばしょ》の特徴《とくちょう》を思《おも》い出《だ》せたのです。

リュウちゃんが一番印象《いちばんいんしょう》に残《のこ》っていたのは、林道《りんどう》の脇《わき》に立《た》つ、一本《いっぽん》の大《おお》きな木《き》のところでした。思《おも》ったよりずっと早《はや》く、その場所《ばしょ》が見《み》えてきました。

「あの木《き》のところから、右側《みぎがわ》の小道《こみち》に曲《ま》がっていくんだ」

リュウちゃんは、その大《おお》きな木《き》をめざしました。

ところが、先頭《せんとう》を歩《ある》いている隣《となり》のクラスの先生《せんせい》が、その木《き》のところを折《お》れずに素通《すどお》りしていくではありませんか。みんなもどんどん、先生《せんせい》のあとにつづきます。リュウちゃんは、歩《ある》きながら後《うし》ろを振《ふ》り向《む》いて、ヒロフミ君《くん》に言《い》いました。

「道《みち》が違《ちが》う。違《ちが》ってる！」

ヒロフミ君《くん》がなにかを言《い》おうとするのを、高井先生《たかいせんせい》の大《おお》きな声《こえ》が止《と》めてしまいました。

「おしゃべりしていると、今《いま》にケガをするぞ」

このままではまずい。リュウちゃんは立《た》ち止《ど》まって、後《うし》ろの隊列《たいれつ》をストップさせました。それから、一番後《いちばんうし》ろにいる高井先生《たかいせんせい》に向《む》かって声《こえ》を張《は》り上《あ》げました。

「先生《せんせい》、道《みち》が違《ちが》います！」

「なにをやっているんだ、リュウちゃん。さっさと歩《ある》きなさい」

「だから、この道《みち》は違《ちが》うんだってば。さっきの大《おお》きな木《き》のところを……」

リュウちゃんがそこまで言《い》うと、高井先生《たかいせんせい》が怒《おこ》り出《だ》しました。

「お前《まえ》は、先生《せんせい》たちが信用《しんよう》できないのか！　じゃあ俺《おれ》もお前《まえ》を信用《しんよう》しない」

高井先生《たかいせんせい》は、手《て》でヒロフミ君《くん》に「進《すす》め」と合図《あいず》をしました。ヒロフミ君《くん》たちは、リュウちゃんの顔《かお》を見《み》ながら追《お》い越《こ》していきます。リュウちゃんは悲《かな》しくなって、「もうどうでもいいや」という気持《きも》ちになりました。そして、高井先《たかいせん》生《せい》が追《お》い越《こ》す前《まえ》に歩《ある》き出《だ》しました。

三十分《さんじっぷん》ほど歩《ある》いたところで、両側《りょうがわ》を山《やま》で囲《かこ》まれた谷間《たにま》に入《はい》りこみました。だんだん道《みち》がせばまり、そのうちに歩《ある》く場所《ばしょ》がなくなってしまいました。

隣《となり》のクラスの先生《せんせい》が戻《もど》ってきて、小声《こごえ》で高井先生《たかいせんせい》になにかを伝《つた》えました。ふたりは、一枚《いちまい》の地図《ちず》を見《み》ながら、時々首《ときどきくび》を傾《かし》げたりしています。リュウちゃんは、「ほらみろ、やっぱり道《みち》が違《ちが》うんだ」と直感《ちょっかん》しました。

高井先生《たかいせんせい》の大《おお》きな声《こえ》が、谷《たに》に響《ひび》き渡《わた》ります。

「みんな、いいですか。ちょっとルートを変更《へんこう》します」

「道《みち》を間違《まちが》えた」と言《い》わなかったのは、そんなことを知《し》ったら、みんながパニックになってしまうからでしょう。でもリュウちゃんは、ちょっと頭《あたま》にきました。

「さっき通《とお》ったところに、沢《さわ》がありました。その沢《さわ》を下《くだ》っていくことにします」

沢《さわ》というのは、きれいな水《みず》がせせらぎ、葦《あし》などの草《くさ》が生《お》い茂《しげ》った小《ちい》さな川《かわ》のことです。その縁《ふち》を歩《ある》いていくというのです。

そこに道《みち》はありません。みんな、とぼとぼと足《あし》を進《すす》めました。リュウちゃんは早速《さっそく》、ぬめぬめした石《いし》で滑《すべ》って転《ころ》んでしまいました。水《みず》たまりに尻《しり》もちをついて、もう泥《どろ》まみれ。しかも、足《あし》が滑《すべ》って、なかなか立《た》てないのです。リュウちゃんを抱《だ》きかかえて起《お》こそうとしたシゲル君《くん》までが、いっしょに転《ころ》んでしまう有様《ありさま》です。

なんとか立《た》ち上《あ》がって、また歩《ある》き出《だ》したリュウちゃん。何度《なんど》も何度《なんど》も転《ころ》びそうになりながら、一生懸命《いっしょうけんめい》、みんなのあとについていきました。額《ひたい》の汗《あせ》が、眉毛《まゆげ》を通《とお》り抜《ぬ》けて眼《め》の中《なか》に入《はい》ってきました。まるで涙《なみだ》のようです。いや、涙《なみだ》も出《で》ていたかも知《し》れません。

延々《えんえん》と、一時間近《いちじかんちか》く歩《ある》いたでしょうか。ところがなんということか、沢《さわ》が山《やま》にぶつかって、行《い》き止《ど》まりになっているではありませんか。川《かわ》のせせらぎは地《ち》下《か》へ抜《ぬ》けているようです。

高井先生《たかいせんせい》がなにか指示《しじ》をすると、隣《となり》のクラスの先生《せんせい》が、南側《みなみがわ》の斜面《しゃめん》を登《のぼ》っていって、しばらくしてザザザッと下《お》りてきました。そして息《いき》を切《き》らしながら、みんなにこう言《い》いました。

「この横《よこ》の斜面《しゃめん》を登《のぼ》ったところに道《みち》がありまーす。そこから下《くだ》っていこうと思《おも》いまーす」

リュウちゃんは面《めん》くらいました。斜面《しゃめん》と簡単《かんたん》に言《い》うけれど、高《たか》さ十《じゅう》メートル以上《いじょう》はありそうな、それはもう「崖《がけ》」に近《ちか》いものだったのです。

隊列《たいれつ》はもう、てんでんばらばら。元気《げんき》のある子《こ》たちは猿《さる》のように、さっさと登《のぼ》っていってしまいました。リュウちゃんも覚悟《かくご》を決《き》めて、木《き》や岩《いわ》を手《て》がかり、足《あし》がかりにして登《のぼ》り始《はじ》めました。これは授業《じゅぎょう》でも遊《あそ》びでもないのです。一歩間《いっぽま》違《ちが》えば命《いのち》にも関《かか》わります。なにげなく見下《みお》ろしたリュウちゃんは、自分《じぶん》がとんでもない場所《ばしょ》にいることに気《き》がついて、怖《こわ》くなってしまいました。

そして、次《つぎ》に足《あし》をかけた途端《とたん》、足場《あしば》がドッと崩《くず》れて、リュウちゃんはずり落《お》ちていきました。そのとき、誰《だれ》かが、リュウちゃんを下《した》から支《ささ》えてきたのです。

「リュウちゃん、がんばれ！」

その人《ひと》は高井先生《たかいせんせい》でした。リュウちゃんのことを邪魔《じゃま》に思《おも》っているはずの高《たか》井先生《いせんせい》が、リュウちゃんを助《たす》けてくれたのです。リュウちゃんはうなずき、もう一度《いちど》登《のぼ》り始《はじ》めました。

高井先生《たかいせんせい》が支《ささ》えていてくれるので、リュウちゃんは安心《あんしん》でした。つらさの中《なか》にもゆとりが出《で》てきて、リュウちゃん本来《ほんらい》の負《ま》けず嫌《ぎら》いが蘇《よみがえ》ってきました。歯《は》をくいしばり、手《て》をかけ、足《あし》をかけ、順調《じゅんちょう》に登《のぼ》っていきます。

それでも時々《ときどき》、気《き》が抜《ぬ》けそうになりました。お父《とう》さんやお母《かあ》さん、弟《おとうと》のシンちゃんの顔《かお》が浮《う》かんできて、切《せつ》なくなってくるのです。

と、リュウちゃんの目《め》の前《まえ》に、運動靴《うんどうぐつ》が一《ひと》つ転《ころ》げ落《お》ちてきました。リュウちゃんは、その靴《くつ》を左手《ひだりて》でキャッチ。同級生《どうきゅうせい》のミツヨさんの靴《くつ》です。そして、泣《な》きながら靴《くつ》を探《さが》しに下《お》りてきたタミコさんに、それを手渡《てわた》しました。

「ミツヨさん、がんばって！」

リュウちゃんはミツヨさんを励《はげ》まして、自分《じぶん》にも「がんばれ」と言《い》い聞《き》かせました。

もう少《すこ》し、あともう少《すこ》し、もうそんな思《おも》いだけです。何度《なんど》も足場《あしば》を崩《くず》し、何《なん》度《ど》も滑《すべ》り落《お》ちながら、急《きゅう》な斜面《しゃめん》を、ありったけの力《ちから》で登《のぼ》っていくのでした。

最後《さいご》のところで、シゲル君《くん》とヒロフミ君《くん》が下《お》りてきて、手《て》を貸《か》してくれました。そしてついに、リュウちゃんはてっぺんまで登《のぼ》りつめたのです。

「よくがんばった、リュウちゃん！」

高井先生《たかいせんせい》は、見《み》たこともない爽《さわ》やかな笑顔《えがお》を浮《う》かべました。リュウちゃんは、高井先生《たかいせんせい》と仲直《なかなお》りができたような気《き》がして、うれしくなりました。

みんなが揃《そろ》ったところで、遠足隊《えんそくたい》は、細《ほそ》くつづく山道《さんどう》を元気《げんき》に歩《ある》き始《はじ》めました。

三十分《さんじっぷん》ほどすると見覚《みおぼ》えのある風景《ふうけい》が広《ひろ》がって、みんなは歓声《かんせい》を上《あ》げました。そこはリュウちゃんたちの小学校《しょうがっこう》の裏山《うらやま》だったのです。

学校《がっこう》に着《つ》くと、何人《なんにん》かのお母《かあ》さんたちが集《あつ》まっていました。帰《かえ》りが遅《おそ》いので大騒《おおさわ》ぎになっていたようです。無事《ぶじ》に帰還《きかん》できたことで、騒《さわ》ぎは収《おさ》まりましたが、今《いま》だったら大問題《だいもんだい》になったことでしょう。

リュウちゃんは家《いえ》に向《む》かいました。沈《しず》みかけた太陽《たいよう》が「おかえり」と言《い》っているかのように、リュウちゃんの顔《かお》を眩《まぶ》しく照《て》らすのでした。

「ただいまー」

リュウちゃんは、お母《かあ》さんの顔《かお》を見《み》るなり、遠足《えんそく》で起《お》きた出来事《できごと》を早口《はやくち》でまくし立《た》てました。編《あ》み物《もの》をしながら聞《き》いていたお母《かあ》さんは、編《あ》む手《て》を止《と》めて笑《え》顔《がお》で言《い》いました。

「怖《こわ》かったんじゃなくて、面白《おもしろ》かったんじゃないの？」

ほかのお母《かあ》さんたちが騒《さわ》いでいたわりに、リュウちゃんのお母《かあ》さんには、なんだか余裕《よゆう》がありました。でも本当《ほんとう》は、心配《しんぱい》で落《お》ち着《つ》かなくて、それで編《あ》み物《もの》をしていたのかも知《し》れません。

「それでね、その山道《さんどう》がどこにつながっていたと思《おも》う？」

リュウちゃんが夢中《むちゅう》でしゃべっている間《あいだ》に、弟《おとうと》のシンちゃんが、リュウちゃんの残《のこ》してきたオヤツを全部《ぜんぶ》食《た》べてしまいました。

6

分校《ぶんこう》に忍《しの》びこんだら

ある日《ひ》、リュウちゃんは校長先生《こうちょうせんせい》に呼《よ》び出《だ》されました。いたずらかなにか、そうとう悪《わる》いことをしたのでしょう。リュウちゃんは、なんのいたずらのことだろうと考《かんが》えながら、校長室《こうちょうしつ》のドアをノックしました。おそるおそるドアを開《あ》けて中《なか》に入《はい》ると、校長先生《こうちょうせんせい》は書《か》きものをしていました。

「おお、リュウちゃんか。そこへ、かけなさい」

ソファーにちょこんと腰《こし》かけたリュウちゃんに、校長先生《こうちょうせんせい》は優《やさ》しく言《い》いました。

「先週《せんしゅう》の日曜日《にちようび》に、分校《ぶんこう》に忍《しの》びこんだ子《こ》どもがいるんだって。誰《だれ》か、分《わ》かっているね」

分校《ぶんこう》というのは、学校《がっこう》が遠《とお》い児童《じどう》のために設《もう》けられた校舎《こうしゃ》のことです。リュウちゃんは一年生《いちねんせい》のとき、一年間《いちねんかん》だけその分校《ぶんこう》に通《かよ》っていました。でも次《つぎ》の年《とし》に新《あたら》しい小学校《しょうがっこう》が建《た》てられて、その分校《ぶんこう》は使《つか》われなくなったのです。

リュウちゃんはドキッとしました。分校《ぶんこう》に忍《しの》びこんだのが自分《じぶん》だと、どうしてそれが分《わ》かったのでしょう。そこには誰《だれ》もいなかったはずです。

「あのな、リュウちゃん。あの分校《ぶんこう》にはもう入《はい》っちゃいけないんだ。こっそり入《はい》ったら、それは泥棒《どろぼう》と同《おな》じだぞ」

その日《ひ》、リュウちゃんは、同級生《どうきゅうせい》の家《いえ》に遊《あそ》びにいった帰《かえ》りに、分校《ぶんこう》のそばの近道《ちかみち》を歩《ある》いたのです。なにげなく足《あし》が止《と》まり、リュウちゃんは木造《もくぞう》の古《ふる》い校舎《こうしゃ》を見上《みあ》げました。


―安茂里小学校《あもりしょうがっこう》・小市分校《こいちぶんこう》―


大正時代《たいしょうじだい》に建《た》てられた小《ちい》さな校舎《こうしゃ》です。一年生《いちねんせい》から三年生《さんねんせい》までが通《かよ》うだけだったのですが、校庭《こうてい》もプールも、体育館《たいいくかん》もきちんとしていました。

体育館《たいいくかん》を見《み》ていると、入学式《にゅうがくしき》の日《ひ》のことが思《おも》い出されます。土砂降《どしゃぶ》りの中《なか》を、お母《かあ》さんと歩《ある》いていったこと。初《はじ》めてクラスのみんなが顔《かお》を合《あ》わせたこと。そして、水色《みずいろ》のワンピースを着《き》た担任《たんにん》の森川先生《もりかわせんせい》が紹介《しょうかい》されて、若《わか》い女《おんな》の先生《せんせい》だったので嬉《うれ》しかったこと。

リュウちゃんは、分校《ぶんこう》の玄関《げんかん》のほうに回《まわ》ってみました。

カギはかかっているのに、ちょっとしたすき間《ま》がありました。そこから中《なか》をのぞいて見《み》ると、高《たか》い所《ところ》に、リュウちゃんの描《か》いた大《おお》きな絵《え》がまだ飾《かざ》ってありました。一年生《いちねんせい》になったばかりの頃《ころ》、先生《せんせい》が読《よ》み聞《き》かせてくれた「さるかに合《がっ》戦《せん》」をイメージして描《か》いたものです。子《こ》ガニやイガグリの前《まえ》で、大《おお》きなウスの下敷《したじ》きになった悪《わる》いサルが泣《な》いている水彩画《すいさいが》です。いきいきと、あまりによく描《か》けているということで、学校《がっこう》の表玄関《おもてげんかん》に飾《かざ》られたのでした。

さて、リュウちゃんたちが学《まな》んだ教室《きょうしつ》は、実《じつ》は、校庭《こうてい》の隅《すみ》にあるプレハブの建物《たてもの》だったのです。児童《じどう》が増《ふ》えたために、仮《かり》に建《た》てられた小屋《こや》でした。校舎《こうしゃ》とは渡《わた》り廊下《ろうか》でつながっているのですが、ちぐはぐな感《かん》じのする、ちょっと変《か》わった教室《きょうしつ》でした。

小屋《こや》の窓《まど》から中《なか》をのぞいたリュウちゃんは、その窓《まど》から、森川先生《もりかわせんせい》が怒《おこ》って、ヒロフミ君《くん》の教科書《きょうかしょ》やノートを投《な》げ捨《す》てたことを思《おも》い出《だ》しました。国語《こくご》の授業中《じゅぎょうちゅう》、ヒロフミ君《くん》がプラスチックの下敷《したじ》きをしならせて遊《あそ》んでいるうちに、その下敷《したじ》きが勢《いきお》いよく割《わ》れてしまったのです。大《おお》きな音《おと》が教室中《きょうしつじゅう》に響《ひび》いて、森《もり》川先生《かわせんせい》もびっくりしたのでしょう。カッとなって、ヒロフミ君《くん》の机《つくえ》の上《うえ》のものをパタパタとまとめて、開《あ》いていた窓《まど》から外《そと》へ放《ほう》り投《な》げたのです。リュウちゃんたちが、いつも優《やさ》しげな森川先生《もりかわせんせい》が怒《おこ》ったのを初《はじ》めて見《み》た瞬間《しゅんかん》でした。

こんどは、校舎《こうしゃ》の横《よこ》に回《まわ》って、2階《かい》につながっている非常階段《ひじょうかいだん》を上《のぼ》ってみました。なにげなく入《い》り口《ぐち》の扉《とびら》を押《お》すと、鈍《にぶ》い音《おと》を立《た》てながら開《ひら》き出《だ》すではありませんか。リュウちゃんは靴《くつ》を脱《ぬ》ぎ、ゆっくりと足《あし》を踏《ふ》み入《い》れました。

昔《むかし》の建物《たてもの》だから中《なか》は薄暗《うすぐら》いのですが、西日《にしび》がキラキラと差《さ》しこんで、奥《おく》のほうまでを照《て》らしています。誘《さそ》われるように、リュウちゃんは中《なか》へ中《なか》へと歩《ある》いていきました。

図書室《としょしつ》の横《よこ》に階段《かいだん》があって、そこから1階《かい》へ下《お》りたところに音楽室《おんがくしつ》があります。戸《と》を開《あ》けて中《なか》に入《はい》ったリュウちゃんは、すぐさま古《ふる》いピアノに触《ふ》れました。リュウちゃんは一年生《いちねんせい》の春《はる》からずっと、ピアノを習《なら》っていたのです。稽古《けいこ》ごとは苦手《にがて》でしたが、ピアノを弾《ひ》くのは大好《だいす》きでした。

ふたを開《あ》けて鍵盤《けんばん》に指《ゆび》を置《お》くと「ボワーン」という変《へん》な音《おと》がしました。他《ほか》の音《おと》も調子《ちょうし》がくるっていて、「ド・レ・ミ・ファ・ソ・ラ・シ・ド」が「ボ・ロ・ミ・タ・ゴ・タ・ス・ビョーン」と聞《き》こえました。リュウちゃんは腹《はら》をかかえて笑《わら》いました。笑《わら》いながら音楽室《おんがくしつ》の中《なか》を見渡《みわた》しているうちに、ハーモニカのことを思《おも》い出《だ》しました。

参観日《さんかんび》のときのことです。音楽《おんがく》の授業《じゅぎょう》で、うしろのほうに並《なら》んでいるお母《かあ》さんたちに、覚《おぼ》えたてのハーモニカを合奏《がっそう》で披露《ひろう》したのです。誰《だれ》でも知《し》っている「かえるの合唱《がっしょう》」です。リュウちゃんは、ハーモニカを両手《りょうて》で包《つつ》みこむようにして吹《ふ》いていました。大《おお》きく息《いき》を吸《す》ったり吐《は》いたり、なにしろ表情豊《ひょうじょうゆた》かな演奏《えんそう》です。でも、なんだか様子《ようす》がおかしい。

リュウちゃんのお母《かあ》さんは、顔《かお》を赤《あか》らめました。お母《かあ》さんには分《わ》かっていたのです。リュウちゃんがハーモニカを家《いえ》に忘《わす》れてきたということを。リュウちゃんはハーモニカを持《も》っていないのに、あたかもハーモニカを吹《ふ》いているかのような、そんなふりをしていたのです。森川先生《もりかわせんせい》も、必死《ひっし》で笑《わら》いをこらえていました。

リュウちゃんはわんぱくだということのほかに、忘《わす》れ物《もの》や落《おと》し物《もの》の天才《てんさい》でもありました。教科書《きょうかしょ》もノートも、ゴミでさえ入《はい》っていない空《から》のランドセルを背《せ》負《お》って、学校《がっこう》へきてしまうような始末《しまつ》です。

忘《わす》れ物《もの》といえば、こんなこともありました。あれは二時間目《にじかんめ》、国語《こくご》の授業《じゅぎょう》のときでした。平仮名《ひらがな》の書《か》き取《と》りをするというのに、ノートを忘《わす》れたリュウちゃん。森川先生《もりかわせんせい》に「ノートを忘《わす》れました」と言《い》わなければならないのですが、一時間目《いちじかんめ》に「算数《さんすう》の教科書《きょうかしょ》を忘《わす》れました」と言《い》ったばかり。しかもその朝《あさ》、「給食費《きゅうしょくひ》を忘《わす》れました」と言《い》ったばかりだったのです。

いくら優《やさ》しい先生《せんせい》だって、三度目《さんどめ》となれば怒《おこ》り出《だ》すに決《き》まっています。でも早《はや》く言《い》わなければ。リュウちゃんがドキドキしていると、横《よこ》から、なんと国語《こくご》のノートがやってきたのです。隣《となり》の席《せき》のサユリさんがつぶやきました。

「これ、あげる」

その国語《こくご》のノートは真新《まあたら》しいものです。サユリさんの広《ひろ》げているノートを見《み》ると、最後《さいご》のページになっていました。終《お》わりそうになって用意《ようい》しておいた新《あたら》しいノートを、サユリさんは困《こま》っているリュウちゃんに、そっと譲《ゆず》ってくれたのです。

リュウちゃんは、嬉《うれ》しいのと恥《は》ずかしいのとで、耳《みみ》まで真《ま》っ赤《か》になりました。どんなふうに「ありがとう」と言《い》おうかと思《おも》って、目《め》を泳《およ》がせていると、サユリさんは首《くび》を横《よこ》に振《ふ》りながら、「いいのよ」とつぶやきました。なんて思《おも》いやりのある女《おんな》の子《こ》なのでしょう。

さて、リュウちゃんは音楽室《おんがくしつ》を出《で》て、理科室《りかしつ》に向《む》かいました。一年生《いちねんせい》は使《つか》うことのなかった教室《きょうしつ》です。なにがあるのか、いつか入《はい》ってみようと思《おも》っていたのです。

理科室《りかしつ》の戸《と》は開《あ》いていました。リュウちゃんは顔《かお》だけ入《い》れて中《なか》をのぞいてみました。なにもなくてガランとしている。カーテンが引《ひ》かれていてうす暗《ぐら》い。湿気《しっけ》っぽくて、なんだか変《へん》なにおいがする。そして、いちばん奥《おく》のところに、白《しろ》いシートのかかった、背《せ》の高《たか》い物体《ぶったい》を見《み》つけました。

あれはなんだろう。好奇心《こうきしん》でいっぱいのリュウちゃんは、そろりと近寄《ちかよ》っていきました。目標《もくひょう》に気《き》をとられて、足《あし》もとにバケツが転《ころ》がっているのに気《き》がつかないリュウちゃん。そのままバケツを蹴《け》とばしてしまいました。激《はげ》しい音《おと》とともにバケツがすっ飛《と》んでぶつかり、ザザッと、白《しろ》いシートがずり落《お》ちました。そこに現《あらわ》れたのは、なんとガイコツの模型《もけい》だったのです。こっちを、にらみつけているかのような。

「うわーっ！」

驚《おどろ》いたのなんのって。リュウちゃんはおろおろとした叫《さけ》び声《こえ》を上《あ》げながら逃《に》げました。さらにその振動《しんどう》で、ガタガタッと、なにかが一気《いっき》に崩《くず》れ落《お》ちたのです。振《ふ》り返《かえ》るとさっきのガイコツが、床《ゆか》でバラバラに散《ち》らばっているではありませんか。リュウちゃんは息《いき》をのみました。

「ああ、びっくりした……」

ゆっくりと理科室《りかしつ》を出《で》て、うろついていたリュウちゃん。急《きゅう》にオシッコをしたくなりました。すぐ目《め》の前《まえ》にトイレがあったので迷《まよ》わず飛《と》びこみました。そこはいつも薄暗《うすぐら》く、ひんやりとして汚《きたな》い。そして臭《くさ》い。

そんなトイレに、オシッコのはじける音《おと》が響《ひび》きます。リュウちゃんはまたもや怖《こわ》くなりました。だって、オシッコはもう終《お》わっているのに、そのはじける音《おと》が消《き》えていないのです。誰《だれ》かがいるのか、と思《おも》うとますます怖《こわ》い。

さっさとトイレを後《あと》にしたリュウちゃんでしたが、あの音《おと》はいったいなんだったのか、気《き》になって仕方《しかた》がない。でも、その正体《しょうたい》がユーレイとかオバケだったりしたら、コトです。深《ふか》く考《かんが》えるのはやめにしました。

ふと、給食室《きゅうしょくしつ》が目《め》に留《と》まりました。給食《きゅうしょく》は、そこで作《つく》られていました。リュウちゃんはいつも、四時間目《よじかんめ》が始《はじ》まると教室《きょうしつ》までただよってくる「おいしそうな、いいにおい」によだれを垂《た》らしたものです。一番好《いちばんす》きなのはカレー。次《つぎ》にクジラの竜田揚《たつたあ》げ。それから揚《あ》げパン。フルーツポンチもおいしくて、家《いえ》にいる弟《おとうと》のシンちゃんにも食《た》べさせたいと思《おも》ったほどです。

給食《きゅうしょく》では、こんな思《おも》い出《で》があります。

冬《ふゆ》のことです。朝《あさ》から粉雪《こなゆき》の舞《ま》う、いつもよりずっと寒《さむ》い日《ひ》でした。給食《きゅうしょく》当番《とうばん》はリュウちゃんとミツコさん。ミツコさんは顔立《かおだ》ちの整《ととの》った美《うつく》しい女《おんな》の子《こ》です。ショートヘアで、二重《ふたえ》まぶた。体育《たいいく》が得意《とくい》で、その颯爽《さっそう》とした姿《すがた》がなんともかっこいい。実《じつ》はリュウちゃん、入学式《にゅうがくしき》のときに、そのミツコさんに「ひとめぼれ」をしてしまったのです。ミツコさんに面《めん》と向《む》かうと、いつも心《しん》臓《ぞう》がバクバクして息切《いきぎ》れがしたものです。そのとおり、それは初恋《はつこい》だったのです。席替《せきが》えをするたびに、ひそかに、隣《となり》の席《せき》にならないかなと期待《きたい》したりもしました。

さて、給食室《きゅうしょくしつ》からカレーの入《はい》った大《おお》きな食缶《しょっかん》を運《はこ》ばなければなりません。リユウちゃんとミツコさんは、食缶《しょっかん》についている取手《とって》をいっしょに握《にぎ》って、バランスをとりながら、ゆっくりと教室《きょうしつ》へ向《む》かいました。でも、クラスで二番目《にばんめ》に小柄《こがら》のリュウちゃんにとって、その大《おお》きな食缶《しょっかん》は重《おも》た過《す》ぎました。しかも、大《だい》好《す》きな女《おんな》の子《こ》といっしょなのです。ゆらゆらしているうちに、リュウちゃんはその手《て》を放《はな》してしまったのです。

運動神経《うんどうしんけい》の発達《はったつ》しているミツコさんですから、とっさに食缶《しょっかん》をかかえこみました。それでも、カレーの半分《はんぶん》は床《ゆか》にこぼれてしまいました。

リュウちゃんとミツコさんは顔《かお》を見合《みあ》わせました。みんなの食《た》べるカレーを台無《だいな》しにしてしまったのです。

そこへ教頭先生《きょうとうせんせい》が現《あらわ》れました。

「ああ、やっちまったな」

ミツコさんは、もうやっていられない、というような顔《かお》をして、ため息《いき》をつきました。リュウちゃんは、ただうなだれるばかり。教頭先生《きょうとうせんせい》は静《しず》かに言《い》いました。

「いいよ。失敗《しっぱい》は誰《だれ》にだってある。それよりヤケドしなかったかい。さあふたりとも、雑巾《ぞうきん》とバケツを持《も》っておいで」

怒《おこ》られない。どうしてだろう。リュウちゃんは首《くび》をかしげながら、教室《きょうしつ》へ雑《ぞう》

巾《きん》を取《と》りに戻《もど》りました。リュウちゃんの様子《ようす》がおかしいことに気《き》がついたのか、森川先生《もりかわせんせい》が声《こえ》をかけてきました。

「どうしたの？」

リュウちゃんは、おそるおそる事情《じじょう》を話《はな》して、蚊《か》の鳴《な》くような声《こえ》で「ごめんなさい」と言《い》いました。森川先生《もりかわせんせい》は一瞬《いっしゅん》、気《き》が遠《とお》くなっていくような顔《かお》をしました。

「どこ？　すぐ片付《かたづ》けに行《い》かなきゃ」

そばで話《はなし》を聞《き》いていたタカコさんやケイコさんも雑巾《ぞうきん》を持《も》って、リュウちゃんと先生《せんせい》のあとについていきました。現場《げんば》では教頭先生《きょうとうせんせい》が、こぼれて散《ち》らばったカレーを、ほうきで掃《は》いているところでした。

早速《さっそく》、そこにいるみんなで廊下《ろうか》をきれいにしました。

「教頭先生《きょうとうせんせい》、すみません」

森川先生《もりかわせんせい》がそう言《い》うと、教頭先生《きょうとうせんせい》はハンカチで手《て》を拭《ぬぐ》いながら、こんな話《はなし》をしました。

「兵隊《へいたい》に行《い》ったとき、わたしは炊事班《すいじはん》で、みんなのご飯《はん》を作《つく》っていたんだ。あれはいつだったか、朝《あさ》ご飯《はん》の味噌汁《みそしる》の入《はい》った大《おお》きな缶《かん》を、こんなふうにひっくり返《かえ》しちまって。だけど上官《じょうかん》は怒《おこ》らなかった。それどころか、失敗《しっぱい》は誰《だれ》にだってある、ヤケドしなくて良《よ》かったな、って」

その日《ひ》の給食《きゅうしょく》はどうなったかというと、隣《となり》のクラスからカレーを分《わ》けてもらって、みんながちゃんと食《た》べられたのです。リュウちゃんもですが、ミツコさんも、どれほどホッとしたことでしょう。

給食《きゅうしょく》の思《おも》い出《で》から我《われ》にかえったリュウちゃんは、分校《ぶんこう》の中《なか》が、ずいぶん暗《くら》くなっていることに気《き》がつきました。

「いけない。帰《かえ》らなくちゃ」

独《ひと》り言《ごと》をふりまきながら、入《はい》って来《き》たところを一気《いっき》にめざしました。廊下《ろうか》を歩《ある》いていくうち、職員室《しょくいんしつ》の入《い》り口《ぐち》に設《もう》けられた「落《おと》し物置場《ものおきば》」に目《め》が留《と》まりました。そこに、リュウちゃんの持《も》ち物《もの》のなかった日《ひ》はありませんでした。ふと見《み》ると、上履《うわば》きの片一方《かたいっぽう》と給食袋《きゅうしょくぶくろ》が置《お》いてありました。

「ばかだなあ、いったい誰《だれ》のだろう…」

給食袋《きゅうしょくぶくろ》には、大《おお》きく名前《なまえ》が書《か》かれていました。

『つちやりゅういち』

なんと、その給食袋《きゅうしょくぶくろ》はリュウちゃんのものだったのです。リュウちゃんは、迷《まよ》わず、その給食袋《きゅうしょくぶくろ》を手《て》に取《と》って逃《に》げました。

2階《かい》の扉《とびら》を開《あ》けて、靴《くつ》を履《は》きました。非常階段《ひじょうかいだん》をかけ下《お》りて校庭《こうてい》へ出《で》ると、もうお月様《つきさま》が浮《う》かんでいました。長居《ながい》しすぎたようです。お母《かあ》さんも心配《しんぱい》していることでしょう。リュウちゃんは家路《いえじ》を急《いそ》ぎました。

「分校《ぶんこう》に忍《しの》びこんだのが、どうしてお前《まえ》さんだと分《わ》かったのか、不思議《ふしぎ》だろう」

ソファーで恐縮《きょうしゅく》しているリュウちゃんに、校長先生《こうちょうせんせい》が、いたずらっぽく問《と》いかけました。リュウちゃんは首《くび》をかしげました。本当《ほんとう》に、なぜボクだと？

校長先生《こうちょうせんせい》は、リュウちゃんになにか、白《しろ》いものをぶら下《さ》げて見《み》せました。

「分校《ぶんこう》の非常階段《ひじょうかいだん》を下《お》りたところに、これが落《お》ちていたんだと。ハッハッハ……」

目《め》を凝《こ》らすと、それは給食袋《きゅうしょくぶくろ》でした。そして、名前《なまえ》が大《おお》きく書《か》かれていました。

『つちやりゅういち』

7 谷《たに》あいの村《むら》で暮《く》らす

リュウちゃんが小学五年生《しょうがくごねんせい》のとき、家族《かぞく》は何度目《なんどめ》かの引《ひ》っ越《こ》しをしました。中学校《ちゅうがっこう》の先生《せんせい》をしているお父《とう》さんが、また転勤《てんきん》になったのです。

住《す》み慣《な》れた土地《とち》を離《はな》れるのは、子《こ》どもにだってつらく悲《かな》しいことです。クラスの仲間《なかま》たちとも、近所《きんじょ》の友《とも》だちとも別《わか》れなくてはなりません。秘密《ひみつ》の遊《あそ》び場《ば》にだって行《い》かれなくなるのです。リュウちゃんは、とても淋《さび》しい気持《きも》ちになりました。

いったい、どんなところに引《ひ》っ越《こ》すのだろう。それも不安《ふあん》でした。というのも、お父《とう》さんがこう言《い》ったのです。

「いろいろが不自由《ふじゆう》になりそうだ。なにしろ、谷《たに》あいの村《むら》だっていうから」

谷《たに》あいの村《むら》と聞《き》いて、リュウちゃんは、とんでもない、へんぴな地《ち》をイメージしました。細《ほそ》く長《なが》い山道《さんどう》をくねくねと登《のぼ》って、やっとの思《おも》いでたどり着《つ》くような村《むら》だと。変《へん》な顔《かお》をしているリュウちゃんに、お母《かあ》さんがこう言《い》いました。

「ムーミン谷《だに》みたいなところかもしれないよ」

ムーミン谷《だに》みたいなところだったら、不思議《ふしぎ》で面白《おもしろ》いような場所《ばしょ》がいっぱいあって、それはそれで楽《たの》しいかもしれない。

お父《とう》さんの提案《ていあん》で、その谷《たに》あいの村《むら》へ行《い》ってみることになりました。家族《かぞく》そろって車《くるま》に乗《の》って、引《ひ》っ越《こ》し先《さき》をめざしました。流《なが》れの多《おお》い道路《どうろ》を一《いち》時間《じかん》ほど走《はし》ったところに、こんな標識《ひょうしき》が立《た》っていました。

〈北御牧村《きたみまきむら》　10km〉

その村《むら》に向《む》かう道《みち》に折《お》れると、だんだん人通《ひとどお》りが少《すく》なくなって、あたりは木々《きぎ》ばかりになりました。それこそ細《ほそ》く長《なが》い道《みち》をくねくねと登《のぼ》って、三十分《さんじっぷん》ぐらいで北御牧村《きたみまきむら》に着《つ》きました。

リュウちゃんの想像《そうぞう》のとおり、まったく、へんぴな所《ところ》でした。

これまで住《す》んできた場所《ばしょ》も、けっこう自然《しぜん》に囲《かこ》まれているのですが、車《くるま》で五《ご》、六分《ろっぷん》も行《い》けばもう市街地《しがいち》です。大通《おおどお》りをはさんで、デパートやお店《みせ》、レストランなどの建《た》ち並《なら》ぶ、にぎやかな街《まち》があるのです。でもこの村《むら》ときたら、なにもない。山《やま》や川《かわ》、森《もり》や田畑《たはた》があるばかりで、家《いえ》もところどころにポツン、ポツンと建《た》っている感《かん》じなのです。

引《ひ》っ越《こ》し先《さき》の家《いえ》は「下之城《しものじょう》」という集落《しゅうらく》にありました。昔《むかし》、そのあたりにお城《しろ》があったのだそうです。車《くるま》の窓《まど》から、その集落《しゅうらく》が見《み》えました。車《くるま》が一台《いちだい》、やっと通《とお》れるような小道《こみち》に折《お》れて、すぐのところに、リュウちゃんの住《す》むことになる一軒家《いっけんや》がありました。
どう見《み》たって、新《あたら》しいおうちではありません。

　車《くるま》を降《お》りると、近所《きんじょ》の子《こ》どもたちがどこからともなく集《あつ》まってきました。物《もの》かげから、リュウちゃんたち家族《かぞく》の様子《ようす》をうかがっています。なんとも居心地《いごこち》がよくない。

　お父《とう》さんは向《む》かいの家《いえ》を訪《たず》ねて、家《いえ》の鍵《かぎ》をもらってきました。お父《とう》さんが玄《げん》関《かん》の引《ひ》き戸《ど》を開《あ》けたので、リュウちゃんたちはあとにつづいて中《なか》に入《はい》ってみました。ひんやりとしていて、なんだかカビ臭《くさ》い。部屋《へや》は三《みっ》つ。台所《だいどころ》の隣《となり》にお風《ふ》呂《ろ》。奥《おく》まったところにトイレ。どこもかしこも古《ふる》ぼけて、廃《すた》れていました。

　特《とく》に驚《おどろ》いたのはお風呂《ふろ》です。大《おお》きな釜《かま》を、下《した》から薪《まき》を燃《も》やして温《あたた》める「ゴエモンブロ」だったのです。天下《てんか》の大泥棒《おおどろぼう》、石川五右衛門《いしかわごえもん》が、それで釜茹《かまゆ》でにされたことから、その名《な》がついたのだそうです。しかも浴室《よくしつ》には電気《でんき》がきておらず、ロウソク台《だい》が置《お》いてありました。

　と、遠《とお》くからお母《かあ》さんの叫《さけ》び声《ごえ》。リュウちゃんがそこへ駆《か》けつけると、トイレの入《い》り口《ぐち》で、お母《かあ》さんがぼう然《ぜん》と立《た》ち尽《つ》くしていました。お母《かあ》さんが足《あし》を踏《ふ》み入《い》れた途端《とたん》、トイレの床《ゆか》が割《わ》れて、便器《べんき》が便槽《べんそう》に落《お》ちてしまったというのです。

「こんな家《いえ》、いやだ…」

リユウちゃんは、ボロボロの畳《たたみ》にしゃがみこんで、そうつぶやきました。家《いえ》がいやだと思《おも》ったら、その集落《しゅうらく》も、その村《むら》も、すべてがいやになってきました。どうして、こんなところに引《ひ》っ越《こ》さなきゃいけないんだ。帰《かえ》りの車《くるま》でも、リユウちゃんは文句《もんく》ばかり。お母《かあ》さんもしばらく不機嫌《ふきげん》でしたが、そのうちに気《き》を取《と》り直《なお》したのか、こう言《い》いました。

「引《ひ》っ越《こ》したら、一週間《いっしゅうかん》で人《ひと》の住《す》める家《いえ》にしてみせる」

そして三月下旬《さんがつげじゅん》。リユウちゃんたち家族《かぞく》は、北御牧村《きたみまきむら》に引《ひ》っ越《こ》したのです。

住《す》めば都《みやこ》、という言葉《ことば》があります。どんなところでも、住《す》み慣《な》れれば居心地《いごこち》が良《よ》くなるというのです。でも、なかなか、そういうわけにはいきません。

お母《かあ》さんは毎日《まいにち》、新《あたら》しいじゅうたんを敷《し》いたり、カーテンを付《つ》け替《か》えたり、あちこちを磨《みが》いたりしました。トイレの便器《べんき》は穴《あな》の小《ちい》さなものに取《と》り替《か》えて、お風呂《ふろ》も、ガスで沸《わ》かす式《しき》のものにしました。そういう、一《ひと》つ一《ひと》つのことが改《かい》善《ぜん》するたびに、リユウちゃんは少《すこ》しずつホッとするのでした。

さて、転校先《てんこうさき》の小学校《しょうがっこう》は、リユウちゃんの家《いえ》から三《さん》キロも離《はな》れた場所《ばしょ》にありました。車道《しゃどう》を通《とお》り、急《きゅう》な坂道《さかみち》を下《くだ》って、川《かわ》べりを延々《えんえん》と歩《ある》く。また車道《しゃどう》に出《で》て、橋《はし》を渡《わた》って、やっと到着《とうちゃく》するのです。

リュウちゃんは、その頃《ころ》から筋肉《きんにく》の病気《びょうき》「筋《きん》ジストロフィー」の症状《しょうじょう》が出《で》てきていました。だから、そんな距離《きょり》を毎日歩《まいにちある》けるものかどうか、それも心《こころ》に重《おも》たかったのです。

四月《しがつ》。いよいよ新学期《しんがっき》です。リュウちゃんはお母《かあ》さんといっしょに、北御牧《きたみまき》小学校《しょうがっこう》の校門《こうもん》をくぐりました。これまた、いかにも古《ふる》くさい校舎《こうしゃ》。きっと明治《めいじ》か大正時代《たいしょうじだい》に建《た》てられたものでしょう。

校長室《こうちょうしつ》に通《とお》されて待《ま》っていると、担任《たんにん》になる赤堀先生《あかほりせんせい》があいさつに来《き》ました。四十代後半《よんじゅうだいこうはん》のベテランの先生《せんせい》です。赤堀先生《あかほりせんせい》に連《つ》れられて、リュウちゃんは急《きゅう》な階段《かいだん》を上《のぼ》って、２階《かい》にある五年松組《ごねんまつぐみ》の教室《きょうしつ》に入《はい》りました。

三十六人《さんじゅうろくにん》の新《あたら》しい同級生《どうきゅうせい》は、静《しず》まり返《かえ》ってリュウちゃんを見《み》つめています。

リュウちゃんはドキドキしました。

「土屋竜一君《つちやりゅういちくん》」

赤堀先生《あかほりせんせい》は黒板《こくばん》にリュウちゃんの名前《なまえ》を書《か》いて、手《て》についたチョークの粉《こな》をはらいながら、みんなに紹介《しょうかい》してくれました。

その時《とき》、赤堀先生《あかほりせんせい》からこんな話《はなし》がありました。

「筋肉《きんにく》の病気《びょうき》で足《あし》が悪《わる》いから、みんなで助《たす》けてあげてほしい」

転校生《てんこうせい》というだけでも色《いろ》メガネで見《み》られるのです。それなのに、さらに足《あし》が悪《わる》いということで、翌朝《よくあさ》には、もうそれが学校《がっこう》じゅうに広《ひろ》まっていました。

リュウちゃんが校門《こうもん》に入《はい》ると、あちこちにいる子《こ》どもたちが注目《ちゅうもく》してくるのです。中《なか》には、わざと身体《からだ》をぶつけてリュウちゃんを転《ころ》ばそうとする男《おとこ》の子《こ》までいました。その子《こ》に、勝気《かちき》なリュウちゃんが「ふざけるな！」と一喝《いっかつ》。すると次《つぎ》の日《ひ》には、「足《あし》が悪《わる》いくせに、いばっている」という噂《うわさ》が学校《がっこう》じゅうを飛《と》び交《か》っているのでした。

あんまりいろいろ言《い》われるものだから、すっかり元気《げんき》をなくしてしまったリュウちゃん。校庭《こうてい》の隅《すみ》に立《た》っている大《おお》きなポプラの木《き》に、寄《よ》りかかっていることが多《おお》くなりました。

五月《ごがつ》の、ある日《ひ》のお昼休《ひるやす》みのこと。いつものように木《き》に寄《よ》りかかって、しょんぼりしているリュウちゃんに、ひとりの男《おとこ》の子《こ》が声《こえ》をかけてきました。カズヨシ君《くん》です。

「お、おいは、な、なんして、い、いつも、こ、ここに、い、いるだ？」

言葉《ことば》の最初《さいしょ》がうまく出《で》てこないという、軽《かる》い吃音《きつおん》のある子《こ》です。リュウちゃんとはまた違《ちが》った意味《いみ》で、クラスの輪《わ》の中《なか》から外《はず》れていました。

リュウちゃんが黙《だま》っていると、カズヨシ君《くん》は話《はなし》をつづけました。

「お、おいは、つ、釣《つ》りは、す、好《す》きか？」

「さかな釣《つ》り？」

「うん、そう。か、鹿曲川《かくまがわ》には、い、いっぺ、さ、さかなが、い、いるだ」

「さかなって、どんなのがいる？」

「ハ、ハヤとかジ、ジンケンだな」

「へえ。やってみたいな」

「じゃあさ、こ、こんどの日曜《にちよう》、い、いっしょに釣《つ》りに行《い》かざ」

「でも、釣竿《つりざお》がない」

「そんなん、貸《か》してやるからさ。行《い》かざ！」

日曜日《にちようび》の朝《あさ》、リュウちゃんは約束《やくそく》の時間《じかん》にカズヨシ君《くん》の家《いえ》を訪《たず》ねました。カズヨシ君《くん》は玄関先《げんかんさき》で待《ま》っていたようです。荷物《にもつ》を持《も》って、すぐに出《で》てきました。

「リュウちゃんは、この釣竿《つりざお》を使《つか》えや」

その釣竿《つりざお》は、リュウちゃんの想像《そうぞう》していた、竹竿《たけざお》を継《つ》ぎ足《た》す形《かたち》のものではありません。一本《いっぽん》の竿《さお》からいくつもの竿《さお》がサーッと伸《の》びていく、かっこいい釣竿《つりざお》でした。

「それは、前《まえ》に父《とう》ちゃんが買《か》ってくれた釣竿《つりざお》だ」

リュウちゃんは、カズヨシ君《くん》の雰囲気《ふんいき》が、ちょっと違《ちが》っていることに気《き》がつきました。吃音《きつおん》がほとんど出《で》てこないのです。そのうえ、別人《べつじん》のように生《い》き生《い》きとしている。

鹿曲川《かくまがわ》は、カズヨシ君《くん》の家《いえ》からすぐのところにありました。リュウちゃんは釣竿《つりざお》を肩《かた》に、カズヨシ君《くん》の後《あと》をついて行《い》きました。

川原《かわら》には、大小《だいしょう》の石《いし》がごろごろと転《ころ》がっています。しかも、昨日降《きのうふ》った雨《あめ》のせいか、あちこちがぬめっていました。

「あっ、転《ころ》ばねえようにな。すべるぞ。足《あし》が悪《わる》いんだから、ゆっくり歩《ある》けや」

なんだか、お兄《にい》ちゃんのようなカズヨシ君《くん》です。釣《つ》りの場所《ばしょ》でも、カズヨシ君《くん》はなにも分《わ》らないリュウちゃんに、糸《いと》や針《はり》のつけ方《かた》などを優《やさ》しく教《おし》えてくれました。

「あれ、餌《えさ》は?」

「ここ」

カズヨシ君《くん》は、足《あし》もとの大《おお》きな石《いし》をひっくり返《かえ》しました。すると、その石《いし》の裏《うら》にはゲジゲジのような、見《み》たことのない虫《むし》が張《は》りついていました。気持《きも》ち悪《わる》くなったリュウちゃんは一歩《いっぽ》引《ひ》いて、カズヨシ君《くん》のすることを見《み》つめました。

カズヨシ君《くん》はそのゲジゲジを剥《は》がして、リュウちゃんの釣針《つりばり》の先《さき》に突《つ》き刺《さ》しました。

「古《ふる》いやり方《かた》だけどな、こういうことも知《し》っておくほうがいいだ」

準備《じゅんび》ができて、ふたりはそれぞれの釣竿《つりざお》を川面《かわも》に向《む》け、釣糸《つりいと》を垂《た》らしました。するとと水面《すいめん》にウキと呼《よ》ばれる小《ちい》さな玉《たま》が浮《う》かびました。初《はじ》めて魚釣《さかなつ》りをするリュウちゃん。ドキドキしながら息《いき》をのみました。

ほどなく、カズヨシ君《くん》のウキが上下《じょうげ》に動《うご》き出《だ》しました。カズヨシ君《くん》は一気《いっき》に釣竿《つりざお》を引《ひ》き上《あ》げました。すると長《なが》い糸《いと》の先《さき》に魚《さかな》がかかって、元気《げんき》良《よ》くピチピチとはねていました。

「おおーっ！　すげえ！」

リュウちゃんは、本当《ほんとう》にすごいと思《おも》いました。だってカズヨシ君《くん》は、次《つぎ》から次《つぎ》へと魚《さかな》を釣《つ》り上《あ》げていくのですから。

と、突然《とつぜん》、リュウちゃんの釣竿《つりざお》が重《おも》たくなりました。

「おいリュウちゃん、かかってるぞ！」

「ええー！　どうしよう！」

「あわてねえで、竿《さお》をゆっくり引《ひ》き上《あ》げてみな」

カズヨシ君《くん》の言《い》うとおりに、リュウちゃんは心《こころ》を落《お》ち着《つ》かせながら、手《て》ごたえの大《おお》きくなった釣竿《つりざお》を引《ひ》き上《あ》げました。すると、小《こ》ぶりながらピチピチとした魚《さかな》がかかっていました。リュウちゃんは興奮《こうふん》して、釣竿《つりざお》を勢《いきお》い良《よ》く引《ひ》き寄《よ》せようとしました。

ところが、その魚《さかな》はあまりに元気《げんき》が良《よ》すぎたのです。もうちょっと、というところで糸《いと》が切《き》れて、魚《さかな》が逃《に》げていってしまいました。

「あーっ！」

口《くち》を開《あ》けたまま、ポカンとしているリュウちゃんに、カズヨシ君《くん》は笑顔《えがお》で語《かた》りかけました。

「惜《お》しかったに。でも初《はじ》めてにしちゃ上出来《じょうでき》だ。もういっぺん挑戦《ちょうせん》してみろや」

カズヨシ君《くん》は、リュウちゃんの釣糸《つりいと》に新しい釣針《つりばり》をつけて、石《いし》を転《ころ》がして、こんどは小《ちい》さなミミズをつけてくれました。やっぱり気持《きも》ち悪《わる》い。リュウちゃんはまた息《いき》をのみました。それに気《き》づいたカズヨシ君《くん》は、いかにも可笑《おか》しそうにケラケラと笑《わら》いました。

リュウちゃんは気《き》を取《と》り直《なお》して、釣糸《つりいと》を川面《かわも》に垂《た》らしました。

すると、こんどは瞬《また》くうちに魚《さかな》がかかりました。さっきのよりずっと大《おお》きな魚《さかな》です。リュウちゃんは高揚《こうよう》しました。でも「あわてるな」と自分《じぶん》に言《い》い聞《き》かせながら、ゆっくりと釣竿《つりざお》を引《ひ》き上《あ》げました。釣糸《つりいと》を手繰《たぐ》り寄《よ》せ、ピチピチと動《うご》いて逃《に》げようとする魚《さかな》を左手《ひだりて》でつかみました。

「やったー！　とれたー！」

リュウちゃんは、手《て》にした魚《さかな》を、カズヨシ君《くん》の差《さ》し出《だ》したビクに入《い》れました。ビクというのは、釣《つ》った魚《さかな》を持《も》って帰《かえ》るための、ちょっとふくらんだカゴのことです。リュウちゃんはうれしくて、うれしくてたまりません。カズヨシ君《くん》と手《て》を取《と》り合《あ》って、ふたりでピョンピョンと跳《は》ね回《まわ》りました。魚釣《さかなつ》りが、こんなにも楽《たの》しいものだったとは！

ふたりはお昼過《ひるす》ぎまで魚釣《さかなつ》りをつづけました。リュウちゃんは結局《けっきょく》、一匹《いっぴき》しか釣《つ》れませんでしたが、それでも十分満足《じゅうぶんまんぞく》でした。

「リュウちゃん、おなか空《す》かねえか？」

カズヨシ君《くん》は、持《も》ってきたバッグの中《なか》から、アルミホイルに包《つつ》まれた、なにか大《おお》きな丸《まる》いものを二《ふた》つ取《と》り出《だ》しました。

「おにぎり。オレが自分《じぶん》で握《にぎ》ってきただ。いっしょに食《く》わざ」

ふたりは大《おお》きな岩《いわ》に腰《こし》かけて、その大《おお》きな丸《まる》いおにぎりに微笑《ほほえ》みながらパクつきました。塩《しお》がちょっと利《き》き過《す》ぎていましたが、やたらと美味《おい》しいおにぎりでした。

やわらかな日差《ひざ》しが、川面《かわも》をキラキラと照《て》らしています。見晴《みは》らすと、あたりは鮮《あざ》やかな緑《みどり》でいっぱい。そよ風《かぜ》が頬《ほお》を優《やさ》しげに撫《な》でてきます。深呼吸《しんこきゅう》をすれば、なんともすがすがしい。リュウちゃんは、この谷《たに》あいの村《むら》が、いっぺんに好《す》きになりました。

8
海《うみ》のおみやげ

「修学旅行《しゅうがくりょこう》、いよいよ来週《らいしゅう》でーす」

先生《せんせい》の言葉《ことば》を聞《き》いて、リュウちゃんはとたんにうれしくなりました。実《じつ》はリュウちゃん、そのことをすっかり忘《わす》れていたのです。といっても、本当《ほんとう》に忘《わす》れていたわけではありません。楽《たの》しみにしていることは、できるだけ考《かんが》えないようにする。そして直前《ちょくぜん》になって、そのことに思《おも》いきり期待《きたい》する。それがリュウちゃん流《りゅう》の「待《ま》ちかた」なのです。

修学旅行《しゅうがくりょこう》も楽《たの》しみですが、それ以上《いじょう》に楽《たの》しみにしていたのは、その行《い》き先《さき》でした。夏《なつ》の海《うみ》です。新潟県《にいがたけん》にある、鯨波《くじらなみ》という海水浴場《かいすいよくじょう》へ行《い》くことになっていたのです。リュウちゃんは水泳《すいえい》がなにより大好《だいす》きでした。だから、海《うみ》で泳《およ》ぐことがうれしくて仕方《しかた》がないというわけです。

「それできょうは、みんなに健康診断《けんこうしんだん》を受《う》けてもらいます。校医《こうい》の先生《せんせい》からオーケーが出《で》たら、修学旅行《しゅうがくりょこう》に行《い》くことができます」

保健室《ほけんしつ》に、白《しろ》いシャツ一枚《いちまい》になった男《おとこ》の子《こ》たちがずらっと並《なら》びました。ひとりずつ校医《こうい》の先生《せんせい》の前《まえ》に立《た》ち、その判断《はんだん》を仰《あお》ぎます。オーケー、オーケーと次々《つぎつぎ》に言《い》われて、それぞれが無言《むごん》でガッツポーズ。そして、リュウちゃんの番《ばん》が来《き》ました。

白髪《しらが》の校医《こうい》の先生《せんせい》は、リュウちゃんの顔《かお》と、机《つくえ》の上《うえ》のメモ書《が》きを交互《こうご》に見《み》つめました。そしてちょっと首《くび》を傾《かし》げながら腕組《うでぐ》みをしました。校医《こうい》の先生《せんせい》は、リュウちゃんの足《あし》のあたりをじっと見《み》ながら、そばで立《た》ち会《あ》っている保健《ほけん》の先《せん》生《せい》に向《む》かって言《い》いました。

「だめ。この子は無理《むり》。海《うみ》なんか無理《むり》」

リュウちゃんは耳《みみ》を疑《うたが》いました。当然《とうぜん》、オーケーと言《い》われるはずだったのです。胸《むね》がドキドキしてくるのを感《かん》じながら、校医《こうい》の先生《せんせい》に訴《うった》えました。

「あの、大丈夫《だいじょうぶ》です。水泳《すいえい》は得意《とくい》なので……」

校医《こうい》の先生《せんせい》は黙《だま》ったまま、首《くび》を横《よこ》に振《ふ》りました。リュウちゃんには筋肉《きんにく》の病気《びょうき》があって、足《あし》がちょっと不自由《ふじゆう》になっていたのです。だから校医《こうい》の先生《せんせい》は、海岸《かいがん》でリュウちゃんになにかが起《お》きたら危《あぶ》ない、と思《おも》ったのでしょう。でも、リュウちゃん本人《ほんにん》は納得《なっとく》がいかない。

「本当《ほんとう》に大丈夫《だいじょうぶ》なんですけど……」

「はい、次《つぎ》」

「大丈夫《だいじょうぶ》なんだってば！」

「次《つぎ》はどの子《こ》だ」

校医《こうい》の先生《せんせい》は、まったく相手《あいて》にしてくれませんでした。それどころか「あっちへ行《い》け」とばかりに手《て》をひらひらさせて、リュウちゃんを追《お》い払《はら》ったのです。

リュウちゃんは「この分《わ》からず屋《や》！」と思《おも》って腹《はら》を立《た》てました。

むしゃくしゃしながら教室《きょうしつ》に戻《もど》ったリュウちゃん。黒板消《こくばんけ》しをしていた担任《たんにん》のヤスナガ先生《せんせい》に、健康診断《けんこうしんだん》でのことを伝《つた》えました。担任《たんにん》の先生《せんせい》は「そうか」と言《い》いながら、黒板消《こくばんけ》しをつづけました。そして手《て》についた粉《こな》を払《はら》ってから、リュウちゃんと向《む》き合《あ》いました。

「海《うみ》は波《なみ》がある。波《なみ》は怖《こわ》いんだぞ」

担任《たんにん》の先生《せんせい》までがそんなことを言《い》い出す。リュウちゃんはとにかくがっかりしました。このままでは海《うみ》へ、修学旅行《しゅうがくりょこう》へ行《い》けなくなってしまいます。

放課後《ほうかご》、リュウちゃんは帰《かえ》り道《みち》を歩《ある》きながら、なんとか海《うみ》へ行《い》かれないものかと思案《しあん》しました。小学校《しょうがっこう》から家《いえ》までの距離《きょり》はおよそ四《よん》キロメートル。丘《おか》を越《こ》え、川《かわ》を渡《わた》り、さらに山道《さんどう》を延々《えんえん》と歩《ある》かなければなりません。足《あし》がちょっと不《ふ》自由《じゆう》なリュウちゃんには、とても大変《たいへん》な通学路《つうがくろ》でした。でもその日《ひ》は、その苦《く》労《ろう》を感《かん》じるよりも海《うみ》のことで頭《あたま》がいっぱい。

自分《じぶん》の家《いえ》が見《み》えたあたりで、ふと良《い》いことを思《おも》いつきました。プールで五百《ごひゃく》メートルを泳《およ》いで見《み》せたら、担任《たんにん》のヤスナガ先生《せんせい》が「それなら連《つ》れて行《い》こう」と言《い》ってくれるかもしれない。それしかない。リュウちゃんは確信《かくしん》したのです。

翌日《よくじつ》はちょうどうまい具合《ぐあい》に、体育《たいいく》が二時間《にじかん》つづきになっていました。もちろん水泳《すいえい》の授業《じゅぎょう》です。二時間《にじかん》つづきのときは、いつも後半《こうはん》になると、泳《およ》ぎの練《れん》習《しゅう》が自由《じゆう》にできたのです。リュウちゃんはプールサイドで、五百《ごひゃく》メートルを泳《およ》ぐイメージをしました。二十五《にじゅうご》メートルのプールだから、行《い》って返《かえ》って、行《い》って返《かえ》って……。十回往復《じっかいおうふく》すればいいんだな、と。

自分《じぶん》が泳《およ》ぎ始《はじ》めるのを、担任《たんにん》のヤスナガ先生《せんせい》が見《み》ていなければ意味《いみ》がありません。リュウちゃんはわざと聞《き》こえるように、大《おお》きな声《こえ》でひとりごとを言《い》い始《はじ》めました。

「さて、泳《およ》ぐぞー。五百《ごひゃく》メートル。なんと五百《ごひゃく》メートル。恐《おそ》れ多《おお》くも五百《ごひゃく》メートルにあらせられるぞー。そうか、五百《ごひゃく》メートルか！」

そばにいた親友《しんゆう》のマサヤ君《くん》が笑《わら》いました。リュウちゃんは大《おお》げさなアクションをとりながら、プールに飛《と》びこんだのです。勢《いきお》い余《あま》って思《おも》いっきり胸《むね》をたたきつけてしまって、ちょっと、いや、かなり痛《いた》かったのですが、おかげで大《おお》きな音《おと》が響《ひび》きわたりました。

リュウちゃんのお得意《とくい》は平泳《ひらおよ》ぎ。

一《ひと》かき、一《ひと》けり。一《ひと》かき、一《ひと》けり。

リュウちゃんのフォームは結構決《けっこうき》まっていました。折《お》り返《かえ》しもうまくできました。ただ、あまりスピードが出《で》ないのが玉《たま》にキズ。授業時間中《じゅぎょうじかんちゅう》に、果《は》たして五百《ごひゃく》メートルを泳《およ》ぎきることができるのか。

リュウちゃんは「とにかく泳《およ》ごう」と思《おも》いました。

折《お》り返《かえ》しを八回《はちかい》、つまり二百《にひゃく》メートルを泳《およ》いだあたりで、プールサイドにマサヤ君《くん》が立《た》って、こちらを眺《なが》めているのが見《み》えました。次《つぎ》の折《お》り返《かえ》しを済《す》ませると、こんどはマサヤ君《くん》の隣《となり》にふたりのクラスメートが並《なら》んで立《た》っていました。

呼吸《こきゅう》のために水面《すいめん》から顔《かお》を出《だ》すたびに、プールサイドに立《た》つ人《ひと》の数《かず》が増《ふ》えていきます。リュウちゃんは、みんなが応援《おうえん》してくれているんだと思《おも》いました。

クラスでいちばん小柄《こがら》。落《お》ち着《つ》きがなく、いつでもどこでもチョコチョコしている。いたずらばっかりするけれど、なんだか楽《たの》しげにしている。そんなリュウちゃんのことを、クラスのみんなはいつも面白《おもしろ》がっていました。それが分《わ》かっているので、リュウちゃんはむしょうにうれしくなりました。

リュウちゃんは、少しピッチを上《あ》げました。

水面《すいめん》から顔《かお》を出《だ》すと、そのうちに歓声《かんせい》が聞《き》こえて来《く》るようになりました。

「がんばれ、リュウちゃん！　がんばれ、もっとがんばれ！」

三百《さんびゃく》メートルを泳《およ》ぎきったあたりで、リュウちゃんはちょっと疲《つか》れてきました。スピードがぐんと落《お》ちて、一《ひと》かき、一《ひと》けりのフォームが乱《みだ》れてきました。

すると、プールサイドからの歓声《かんせい》が一段《いちだん》と大《おお》きくなりました。

アイドル歌手《かしゅ》がステージに登場《とうじょう》すると、観客席《かんきゃくせき》にワー、キャー、ピーという黄色《きいろ》い歓声《かんせい》が巻《ま》き起《お》こります。そんな情景《じょうけい》がテレビでよく流《なが》れていたものです。リュウちゃんは、自分《じぶん》がそのアイドル歌手《かしゅ》になったような気《き》がしました。期待《きたい》に応《こた》えるために、そして海《うみ》へ連《つ》れて行《い》ってもらうために、なんとしてもがんばらなければ。

だらだらと泳《およ》ぎながら、それでも九往復《きゅうおうふく》を超《こ》えました。ですが、やっぱりもう限界《げんかい》なのかもしれません。手《て》と足《あし》の動《うご》きがバラバラになってきたのです。くねくね、ひらひら、浮《う》かんだり沈《しず》んだり。それはもう平泳《ひらおよ》ぎというより、クラゲ泳《およ》ぎという感《かん》じでした。進《すす》んでいる方向《ほうこう》も、なんだかずいぶん曲《ま》がっているような……。プールサイドは、より大《おお》きな人垣《ひとがき》を作《つく》っていました。「がんばれ！」の歓声《かんせい》は水《みず》の中《なか》にも響《ひび》いていました。

ふと気《き》がつくと、誰《だれ》かふたりがプールに飛《と》びおりて、水《みず》をかき分《わ》けながら歩《ある》いてくるのが見《み》えました。と、次《つぎ》の瞬間《しゅんかん》、リュウちゃんは身動《みうご》きが取《と》れなくなりました。プールに入《はい》ってきたふたり組《ぐみ》に捕《つか》まり、取《と》り押《お》さえられてしまったのです。あと、ほんのちょっとのところなのに！　リュウちゃんはもがいて逃《のが》れようとしました。その姿《すがた》は、釣《つ》られてピチピチと身体《からだ》をくねらしている魚《さかな》のようでした。

「やめてー、リュウちゃん！　やめてー、もうやめてー！」

歓声《かんせい》が、いつのまにかそんな言葉《ことば》に変《か》わっていました。

というのは、リュウちゃんの錯覚《さっかく》でした。あとで分《わ》かったことですが、リュウちゃんが泳《およ》ぎつづけているのを、みんなが心配《しんぱい》して見《み》ていたようです。そして初《はじ》めの頃《ころ》から、ずっと「やめてー！」と叫《さけ》んでいたというのです。リュウちゃんは応援《おうえん》されているものと思《おも》いこんで、五百《ごひゃく》メートル近《ちか》くを泳《およ》いでしまったというわけです。

「いくらプールで泳《およ》げたからって、駄目《だめ》なものは駄目《だめ》なんだ」

リュウちゃんは職員室《しょくいんしつ》に呼《よ》び出《だ》されていました。担任《たんにん》の先生《せんせい》と校長先生《こうちょうせんせい》の前《まえ》で、リュウちゃんがうなだれています。無茶《むちゃ》なことをしでかしたことについて、ひどく叱《しか》られているのです。

こんなはずじゃなかった。「こんなに泳《およ》げるのだから、海《うみ》へ連《つ》れて行《い》くことにする」と、そう言《い》ってもらえる計算《けいさん》だったのに……。でも、自分勝手《じぶんかって》に延々《えんえん》と泳《およ》いで、みんなにさんざん心配《しんぱい》をかけてしまったのです。そんな子《こ》はなおさら、海《うみ》へなど連《つ》れて行《い》ってもらえるわけがありません。

ふと窓《まど》の外《そと》を眺《なが》めると、お母《かあ》さんが歩《ある》いて来《く》るのが見《み》えました。きっと先生《せんせい》に呼《よ》び出《だ》されたのでしょう。そして、お母《かあ》さんは職員室《しょくいんしつ》に招《まね》き入《い》れられました。

「すみません、ご迷惑《めいわく》をおかけして。とにかくヤンチャなもので……」

リュウちゃんは、お母《かあ》さんにも叱《しか》られると思《おも》いました。リュウちゃんにとってお母《かあ》さんは、お父《とう》さんよりも怖《こわ》い存在《そんざい》だったのです。

ところが、お母《かあ》さんは先生《せんせい》たちのほうを睨《にら》みつけていました。

「私《わたし》がついて行《い》きます。だから、修学旅行《しゅうがくりょこう》に連《つ》れて行《い》ってください」

校長先生《こうちょうせんせい》は、首《くび》を縦《たて》に振《ふ》りません。

「危険《きけん》な場所《ばしょ》へ、無理《むり》をしてまで行《い》くことはないんです」

校長先生《こうちょうせんせい》がそう言《い》うと、お母《かあ》さんは語気《ごき》を強《つよ》めて言《い》い返《かえ》しました。

「危険《きけん》な場所《ばしょ》？　そんな場所《ばしょ》を、修学旅行《しゅうがくりょこう》に選《えら》んだとおっしゃるのですか？」

けれども、なにを言《い》っても、オーケーはもらえない雰囲気《ふんいき》でした。

結局《けっきょく》、リュウちゃんは予定通《よていどお》り修学旅行《しゅうがくりょこう》には行《い》かれなくなり、その間《あいだ》は自分《じぶん》の家《いえ》にいることになったのです。

「決《き》まってしまったのだから仕方《しかた》がない」

そう思《おも》いながらも、やっぱり納得《なっとく》がいきません。海《うみ》で泳《およ》ぐことはできないとしても、なぜ、クラスのみんなと一緒《いっしょ》に行《い》ってはいけないのでしょう。みんなと一緒《いっしょ》に海《うみ》で過《す》ごしたかった。いつまでたっても、気分《きぶん》がスッキリしないリュウちゃんでした。

修学旅行《しゅうがくりょこう》の前日《ぜんじつ》。梅雨明《つゆあ》けしたばかりの朝《あさ》には、夏《なつ》らしい大《おお》きな雲《くも》がもう浮《う》かんでいました。その日《ひ》は授業《じゅぎょう》がなく、修学旅行《しゅうがくりょこう》の準備《じゅんび》をすることになっていました。クラスのみんなは大《おお》きなリュックサックを背負《せお》って来《き》ました。いろんな荷物《にもつ》の詰《つ》まったリュックサック。背負《せお》って来《こ》なかったのは、修学旅行《しゅうがくりょこう》に行《い》けなくなったリュウちゃん、ただひとり。

持《も》ち物《もの》の確認《かくにん》が始《はじ》まりました。先生《せんせい》が持《も》ち物《もの》の見本《みほん》を一《ひと》つずつ高《たか》く掲《かか》げます。

「旅《たび》の栞《しおり》！」

「着替《きが》え！」

先生《せんせい》にならって、みんながそれぞれの持《も》ち物《もの》を掲《かか》げていきます。リュウちゃんはだんだん淋《さび》しくなってきました。でも、その淋《さび》しさで胸《むね》がはり裂《さ》けそうになったのは、次《つぎ》に行《おこな》われた振《ふ》る舞《ま》いでした。

「おやつを配《くば》ります。取《と》りにきてください」

学校《がっこう》で用意《ようい》された、いろんなお菓子《かし》の入《はい》ったビニール袋《ぶくろ》。みんなうれしそうに手《て》に取《と》ってしげしげと眺《なが》めているのです。

「ぼくの分《ぶん》は、ないんだな……」

リュウちゃんのまわりからすべての音《おと》が消《き》え、ポツンとひとり取《と》り残《のこ》された気分《きぶん》になりました。仲間外《なかまはず》れのなにものでもありません。クラスのみんなは自分《じぶん》のことで頭《あたま》がいっぱい。リュウちゃんの気持《きも》ちを察《さっ》して、なぐさめてくれる友《とも》だちなどはいませんでした。

翌日《よくじつ》、リュウちゃんは朝《あさ》からずっと、本当《ほんとう》につまらなそうな顔《かお》をしていました。みんなは今頃《いまごろ》……と思《おも》うたびに悲《かな》しくなるのです。海《うみ》に着《つ》いたかな。もう泳《およ》いでいるかな。旅館《りょかん》に落《お》ち着《つ》いたかな。みんなでお風呂《ふろ》に入《はい》って、みんなでご馳走《ちそう》を食《た》べて、みんなで枕投《まくらな》げをしているかな。リュウちゃんはいちいち下《した》唇《くちびる》を噛《か》むのでした。

そんなふうでしたが、我慢《がまん》しているうちにときが過《す》ぎて行《い》きました。後半《こうはん》に入《はい》った頃《ころ》にはなんだか淋《さび》しさもなくなっていました。それはなぜか。

実《じつ》は、お父《とう》さんとお母《かあ》さんが「夏休《なつやす》みになったら、家族《かぞく》で鯨波《くじらなみ》へ海水浴《かいすいよく》に行《い》こう」と約束《やくそく》してくれたのです。

そして二日後《ふつかご》の朝《あさ》。久《ひさ》しぶりにクラスのみんなに会《あ》えるのです。でもリュウちゃんはやっぱり「行《い》きたくないなあ」と思《おも》いました。修学旅行《しゅうがくりょこう》の、楽《たの》しかったような話《はなし》で持《も》ちきりになるはずです。またポツンと、ひとりぼっちになってしまうことでしょう。

でも、リュウちゃんは歯《は》を食《く》いしばって、いつものように学校《がっこう》へ向《む》かいました。

途中《とちゅう》で、クラスの何人《なんにん》かが声《こえ》を掛《か》けてきました。でもなんとなく、よそよそしい。みんなでかたまりになって、ひそひそ話《ばなし》をしながら駆《か》けて行《い》ってしまうのです。

リュウちゃんが教室《きょうしつ》に入ると、思《おも》っていた通《とお》り、方々《ほうぼう》で楽《たの》しそうな語《かた》り合《あ》いが輪《わ》を作《つく》っていました。リュウちゃんは、ちょっと立《た》ち止《ど》まりながらも、みんなの声《こえ》の響《ひび》く中《なか》をくぐり抜《ぬ》けて行《い》きました。

席《せき》に着《つ》こうとすると、リュウちゃんの机《つくえ》の上《うえ》になにかがある。なにかが積《つ》み重《かさ》なって、山《やま》のようになっている。よく見《み》ると、大《おお》きなゴミ袋《ぶくろ》やビニール袋《ぶくろ》がいくつも乗《の》っかっているのです。誰《だれ》かのいたずらに違《ちが》いありません。リュウちゃんは悲《かな》しい気持《きも》ちになりました。

リュウちゃんは机《つくえ》の上《うえ》のものを落《お》とそうと、一《ひと》つの黒《くろ》いゴミ袋《ぶくろ》を、右手《みぎて》の人《ひと》差《さ》し指《ゆび》で突《つ》っつきました。

するとちょっと穴《あな》が開《あ》き、中《なか》から、乾《かわ》いた白《しろ》い砂《すな》のようなものがこぼれ出《で》てきました。隣《となり》のゴミ袋《ぶくろ》を開《あ》けてみたリュウちゃんは驚《おどろ》きました。丸《まる》みを帯《お》びた、きれいな小石《こいし》がいっぱいにひしめいているのです。

あわてて次《つぎ》の袋《ふくろ》を開《あ》けてみると、こんどは磯《いそ》の香《かお》りと共《とも》に、いろんな海草《かいそう》が顔《かお》を出《だ》しました。そのほか、海水《かいすい》に浸《ひた》った貝殻《かいがら》の数々《かずかず》、ヒトデやサメの赤《あか》ちゃんまでが、あちこちの袋《ふくろ》に入《はい》っていました。

それは、クラスのみんなが持《も》ち寄《よ》った、お土産《みやげ》の山《やま》だったのです。みんなそれぞれ、たったひとりきり海《うみ》へ行《い》かれなかったリュウちゃんに、少《すこ》しでも海《うみ》の雰囲気《ふんいき》を伝《つた》えようとしたのでしょう。

あたりを見渡《みわた》すと、クラスのみんなが、リュウちゃんのことを笑顔《えがお》で見《み》つめていました。

9
デパートで大《おお》さわぎ

ある山《やま》の中腹《ちゅうふく》に、リュウちゃんと家族《かぞく》の住《す》む、3階建《かいだ》て、そしてベージュ色《いろ》の団地《だんち》がありました。その団地《だんち》の後《うし》ろにある道路《どうろ》に、一台《いちだい》の真新《まあたら》しいクルマが止《と》まりました。リュウちゃんは部屋《へや》の窓《まど》からそれを見《み》つけました。

「お父《とう》さん、来《き》たよ！　クルマが来《き》たよ！」

そのクルマは、お父《とう》さんが注文《ちゅうもん》しておいた新車《しんしゃ》でした。セールスマンのおじさんが運転《うんてん》して届《とど》けてくれたのです。

リュウちゃんとお父《とう》さんは部屋《へや》から出《で》てきて、その新車《しんしゃ》のそばに立《た》ちました。クルマのドアを開《あ》けると、なんだか、いい匂《にお》いがしました。ワクワクするようないい匂《にお》いです。ビニールのかかったシートに腰掛《こしか》けると、フワフワしていて気持《きも》ちがいい。

「明日《あした》の日曜日《にちようび》に、このクルマでどこかへ行《い》ってみようか」

「デパート！」

団地《だんち》からクルマで十五分《じゅうごふん》ほど走《はし》ると市街地《しがいち》に入《はい》ります。にぎやかな街並《まちな》みがいくつも広《ひろ》がっている街《まち》です。そのほぼ中央《ちゅうおう》に位置《いち》する昭和通《しょうわどお》りという所《ところ》に、リュウちゃんたちの行《い》きたいデパートがありました。「一光《いっこう》」というデパートです。

「だけど、あそこはいつも混《こ》むんだよな。駐車場《ちゅうしゃじょう》に入《はい》るだけでも大変《たいへん》だ」

お父《とう》さんはちょっとためらっていましたが、リュウちゃんとシンちゃんは、もうすっかり一光《いっこう》デパートへ行《い》く気《き》になっていました。お母《かあ》さんも「赤岩《あかいわ》のおばあちゃんも連《つ》れて行《い》こう」と言《い》って笑顔《えがお》になっていました。

そして日曜日《にちようび》。九月《くがつ》の中旬《ちゅうじゅん》でしたが夏《なつ》の暑《あつ》さが残《のこ》っていました。リュウちゃん一家《いっか》はピカピカの新車《しんしゃ》に乗《の》って、一光《いっこう》デパートへと向《む》かいました。

こんどのクルマにはカーステレオがついていました。お父《とう》さんが用意《ようい》したカセットテープをかけると、リュウちゃん兄弟《きょうだい》の大好《だいす》きなアニメソングが次々《つぎつぎ》に流《なが》れました。ふたりは音楽《おんがく》に合《あ》わせ、身体《からだ》を左右《さゆう》に揺《ゆ》らして歌《うた》いつづけました。

駅前《えきまえ》のロータリーを回《まわ》ったところで、赤岩《あかいわ》のおばあちゃんが立《た》っていました。クルマが止《と》まると、リュウちゃんはドアを開《あ》けて、赤岩《あかいわ》のおばあちゃんを招《まね》き入《い》れました。

「こんにちは。ふたりとも元気《げんき》だったかい?」

市街地《しがいち》に入《はい》ると、もう渋滞《じゅうたい》が始《はじ》まっていました。日曜日《にちようび》はお寺《てら》へお参《まい》りに行《い》く人《ひと》が大勢《おおぜい》います。それと、大《おお》きなデパートは他《ほか》にも三《みっ》つあって、それぞれ一《いっ》光《こう》デパートと同《おな》じくらい賑《にぎ》わっているのです。そのせいでもあるでしょう。一《いっ》光《こう》デパートのある通《とお》りに入《はい》ると、たくさんのクルマが数珠《じゅず》つながり。駐車場《ちゅうしゃじょう》の入《い》り口《ぐち》も混雑《こんざつ》していて、なかなか入《はい》っていけません。

「これだから、嫌《いや》になっちまう」

それでも二十分《にじっぷん》ほどで、ようやくクルマを停《と》めることができました。リュウちゃんとシンちゃんはクルマから降《お》りると、一光《いっこう》デパートに入《はい》るための通路《つうろ》に向《む》かって駆《か》け出《だ》しました。クルマがウロウロしているので危《あぶ》ないともなんとも。そして案《あん》の定《じょう》、クルマにひかれそうになりました。

「コラーッ！」

ふたりは、駐車場《ちゅうしゃじょう》で交通整理《こうつうせいり》をしている黄色《きいろ》いヘルメットのおじさんに怒鳴《どな》りつけられました。

一光《いっこう》デパートはいつものとおり、玄関《げんかん》のあたりからもう、大勢《おおぜい》の人《ひと》がひしめき合《あ》っていました。リュウちゃんとシンちゃんが行《い》きたいのは、もちろんオモチャ売《う》り場《ば》。それは6階《かい》にありました。上《うえ》の階《かい》へ行《い》くためのエレベーターのところに行《い》くと、そこの前《まえ》には、それぞれ何人《なんにん》も並《なら》んでいて、なかなか乗《の》れそうにありません。しかたなく階段《かいだん》で行《い》くことにしました。

リュウちゃんとシンちゃんが元気良《げんきよ》く階段《かいだん》を駆《か》け上《あ》がっていきます。そのあとをお父《とう》さんが追《お》いかけ、赤岩《あかいわ》のおばあちゃんとお母《かあ》さんがつづきます。6階《かい》まで階段《かいだん》で行《い》くのは、けっこう大変《たいへん》なことです。赤岩《あかいわ》のおばあちゃんは、すぐに息切《いきぎ》れを始《はじ》めました。

「ちょいと、ちょいと待《ま》ってくれや。ハア、ハア、ダメだコリャ、ダメだ」

とてもつらそうです。それを見《み》かねたお母《かあ》さんはお父《とう》さんに呼《よ》びかけました。

「エスカレーターで行《い》こう」

階段《かいだん》の場所《ばしょ》から3階《かい》のフロアーに出《で》ると、そこは婦人服売《ふじんふくう》り場《ば》でした。ブラジャーやパンティーがいっぱいに並《なら》ぶ列《れつ》のところです。お父《とう》さんは、なぜかあわてふためいて、さっさと歩《ある》いていってしまいました。シンちゃんがそのあとを追《お》っていきました。お母《かあ》さんと赤岩《あかいわ》のおばあちゃんも姿《すがた》が見《み》えない。リュウちゃんはひとりになってしまいました。

「まあ、いいや」

リュウちゃんは、売《う》り場《ば》のいろんな通《とお》りをチョウチョのように舞《ま》い歩《ある》きました。気《き》になった商品《しょうひん》があると、覗《のぞ》きこんだり手《て》に取《と》って見《み》たり。そのうちにエスカレーターのコーナーを見《み》つけました。上《のぼ》りと下《くだ》り、二列《にれつ》のエスカレーターが大勢《おおぜい》の人《ひと》を乗《の》せて運《はこ》んでいます。その情景《じょうけい》を、リュウちゃんは少《すこ》し離《はな》れた所《ところ》から眺《なが》めました。

ふと脇《わき》を見《み》ると、一《いち》メートルぐらいの高《たか》さの鉄《てつ》の柱《はしら》が立《た》っていました。リュウちゃんはハッとしました。その柱《はしら》の上《うえ》のほうに赤《あか》と青《あお》、黄色《きいろ》の三《みっ》つの押《お》しボタンがついているのを見《み》つけたのです。実《じつ》はリュウちゃん、ボタンを見《み》ると押《お》してみたくなる癖《くせ》があるのです。

「押《お》しちゃお」

押《お》すのはいいけれど、いったいなんのボタンなのでしょう。押《お》しちゃって大丈夫《だいじょうぶ》なの？　いくらか気《き》にはなったものの、リュウちゃんは誘惑《ゆうわく》に負《ま》けて、青《あお》いボタンをポチッと押《お》しました。でもそれでなにかがどうにかなった気配《けはい》はありません。

「飾《かざ》りだな、こりゃ」

飾《かざ》りであるはずがありません。それは赤《あか》いボタンを押《お》してみれば分《わ》かります。さあ赤《あか》いボタンを押《お》してみなさい。誰《だれ》かのそんな声《こえ》が、リュウちゃんの心《こころ》にささやきかけてきました。リュウちゃんはうなずいて、短《みじか》いけれど太《ふと》い人差《ひとさ》し指《ゆび》を伸《の》ばしました。

赤《あか》いボタンをポチッと押《お》したとたん、リュウちゃんはドキッとしました。ギギギーッと大《おお》きな音《おと》が響《ひび》き、下《くだ》りのエスカレーターが止《と》まってしまったのです。

止《と》まっただけではありません。エスカレーターに乗《の》っている人《ひと》たち全員《ぜんいん》が、みんな同《おな》じ格好《かっこう》で、前《まえ》のめりに倒《たお》れそうになったのです。あわてたリュウちゃんは、とっさに青《あお》いボタンを押《お》しました。

するとこんどはエスカレーターが動《うご》き出《だ》し、その反動《はんどう》で、エスカレーターに乗《の》っている人《ひと》たち全員《ぜんいん》が、みんな同《おな》じ格好《かっこう》で、後《うし》ろにひっくり返《かえ》りそうになったのです。

リュウちゃんはどうしてよいのか分《わ》からなくなり、赤《あか》いボタンと青《あお》いボタンを交互《こうご》に押《お》し始《はじ》めました。そのたびにギッタンバッコン、エスカレーターに乗《の》っている人《ひと》たち全員《ぜんいん》が、前《まえ》にのめったり後《うし》ろに引《ひ》っぱられたり。そして赤《あか》いボタンを押《お》したところでエスカレーターがストップ。すると全員《ぜんいん》がぞろぞろと歩《ある》いて下《くだ》っていくのが見《み》えました。次《つぎ》の瞬間《しゅんかん》、リュウちゃんの姿《すがた》はそこにありませんでした。

リュウちゃんはエレベーターに逃《に》げこんでいました。大勢《おおぜい》の人《ひと》が乗《の》っていて、ぎゅうぎゅう詰《づ》め。リュウちゃんが行《い》きたいのは6階《かい》なので「6」のボタンを押《お》さなければなりません。でもリュウちゃんはボタンに手《て》が届《とど》きません。早《はや》く押《お》さないと6階《かい》で止《と》まらない。リュウちゃんは片方《かたほう》の靴《くつ》を脱《ぬ》いで、その靴《くつ》の先《さき》でボタンを押《お》そうとしました。それでも届《とど》きません。すると、すぐ横《よこ》に立《た》っていたミニスカートのおねえさんが「6」のボタンを押《お》してくれました。レモンのようないい匂《にお》いのするおねえさん。リュウちゃんは真《ま》っ赤《か》になりました。

4階《かい》が過《す》ぎ、5階《かい》になってエレベーターが止《と》まり、ドアがゆっくり開《ひら》きました。するとエレベーターに振動《しんどう》が走《はし》り、乗《の》っている人《ひと》の何人《なんにん》かがあちこちから降《お》り出《だ》しました。ひとり出《で》るごとに、ドアの近《ちか》くにいるリュウちゃんが押《お》し出《だ》されそうになります。

突然《とつぜん》、奥《おく》の方《ほう》から「あ、5階《かい》だ！」という女《おんな》の人《ひと》の声《こえ》がしました。リュウちゃんあ然《ぜん》。人《ひと》をかき分《わ》けながら、びっくりするほど太《ふと》ったおばさんが出《で》てくるではありませんか。ぐいぐい押《お》してくるものだから、リュウちゃんはついに転《ころ》がり出《で》てしまいました。

レモンの匂《にお》いのするおねえさんが、エレベーターの中《なか》から手《て》を差《さ》し出《だ》してくれたのですが、ドアは無情《むじょう》にも閉《と》じてしまいました。

「まあ、いいや。階段《かいだん》で行《い》こう」

そのあたりはレコード屋《や》さんでしたが、いつになく混《こ》んでいる感《かん》じでした。奥《おく》の方《ほう》からは、誰《だれ》かがマイクでおしゃべりをしているのが聞《き》こえてきます。リュウちゃんは「なんだろう」と思《おも》いながら、ちょっと奥《おく》に入《はい》ってみました。

人《ひと》だかりができていて、人《ひと》と人《ひと》の隙間《すきま》から見《み》える小さなステージに男《おとこ》の人《ひと》が立《た》っていました。それが誰《だれ》か、リュウちゃんはすぐに分《わ》かりました。

「浜畑賢吉《はまはたけんきち》だ！」

当時《とうじ》たいへんな人気《にんき》のあった俳優《はいゆう》です。だから浜畑賢吉《はまはたけんきち》の顔《かお》になじみがありました。どうやら、一光《いっこう》デパートから生放送《なまほうそう》されているラジオ番組《ばんぐみ》に出演《しゅつえん》している様子《ようす》でした。

それはそうと、家族《かぞく》のみんなはいったいどこにいるのでしょう。すっかりはぐれてしまいました。リュウちゃんは駆《か》け足《あし》でレコード屋《や》さんから出《で》ようとしました。そのとき、足《あし》になにかが引《ひ》っかかったような感覚《かんかく》があったのですが、気《き》にせずにその場《ば》を離《はな》れました。

実《じつ》はこのとき、リュウちゃんはとんでもないことをしでかしていました。ラジオ局《きょく》の音響装置《おんきょうそうち》の、電源《でんげん》のコンセントを引《ひ》っこ抜《ぬ》いてしまったのです。リュウちゃんの後《うし》ろで、声《こえ》が入《はい》らなくなって困《こま》っている浜畑賢吉《はまはたけんきち》と、右往左往《うおうさおう》する数人《すうにん》のスタッフ、ざわめく見物客《けんぶつきゃく》の姿《すがた》がありました。

リュウちゃんは階段《かいだん》で6階《かい》に上《あ》がりました。6階《かい》はさらに賑《にぎ》やかでした。子《こ》ども、子《こ》どもでいっぱい。それぞれがいろんなオモチャと向《む》き合《あ》っていました。ここにシンちゃんとお父《とう》さんがいるはずです。リュウちゃんはふたりを探《さが》しました。

でも、どこにもいない。同《おな》じフロアーの子供服売《こどもふくう》り場《ば》にもいない。リュウちゃんはちょっと疲《つか》れて、子《こ》ども服《ふく》を着《き》たマネキン人形《にんぎょう》の前《まえ》で溜《た》め息《いき》をつきました。

すると突然《とつぜん》、そのマネキン人形《にんぎょう》が動《うご》き出《だ》し、リュウちゃんは驚《おどろ》いたのなんのって。心臓《しんぞう》が止《と》まるかと思《おも》うほどでした。それはマネキン人形《にんぎょう》ではなく本当《ほんとう》の子《こ》どもで、しかもそれはシンちゃんだったのです。

そこへお父《とう》さんとお母《かあ》さん、赤岩《あかいわ》のおばあちゃんが揃《そろ》ってやって来《き》ました。

そしてお母《かあ》さんが言《い》いました。

「どこにいたの、ふたりとも。お昼《ひる》を食《た》べに行《い》くわよ」

「まだなにも買《か》ってもらってない！」

リュウちゃんはあわてて訴《うった》えました。すると、赤岩《あかいわ》のおばあちゃんが口《くち》を開《ひら》きました。

「ご飯《はん》食《た》べたら、ばあちゃんがふたりにオモチャを買《か》ってやるわい」

リュウちゃんもシンちゃんも大喜《おおよろこ》び。ふたりとも欲《ほ》しいオモチャがあったのです。

食堂《しょくどう》は最上階《さいじょうかい》の７階《かい》。一行《いっこう》はテーブル席《せき》に着《つ》きました。窓際《まどぎわ》に陣取《じんど》ったリュウちゃんは、雨《あめ》が降《ふ》っていることに気《き》がつきました。けっこうな降《ふ》り方《かた》です。「あー、屋上《おくじょう》で遊《あそ》べない」と思《おも》いました。屋上《おくじょう》の遊園地《ゆうえんち》で遊《あそ》ぶのも楽《たの》しみの一《ひと》つだったのに……。お母《かあ》さんは横《よこ》から「あー、洗濯物《せんたくもの》が濡《ぬ》れちゃう」とつぶやきました。そしてお父《とう》さんも「あー、新車《しんしゃ》が汚《よご》れちゃう」と。

さて次《つぎ》の場面《ばめん》では、リュウちゃん一行《いっこう》は6階《かい》のオモチャ売《う》り場《ば》にいました。シンちゃんはもうミニカーを買《か》ってもらった様子《ようす》ですが、リュウちゃんは何故《なぜ》かふくれています。お母《かあ》さんもしかめっ面《つら》をしています。どうしたというのでしょう。

それは、こういうことでした。リュウちゃんはドライブゲームが欲《ほ》しかったのです。クルマのハンドルの先《さき》にミニカーがついていて、ボードにくねくねと現《あらわ》れる道《みち》を走《はし》らせるというものです。

ところがそれは五千円《ごせんえん》もするのです。そんな高価《こうか》なオモチャを買《か》ってもらえるはずがありません。でもどうしても、なにがなんでも欲《ほ》しい。リュウちゃんは地団駄《じだんだ》を踏《ふ》みました。

「しょうがねえ、買《か》ってやらずか」

おばあちゃんは財布《さいふ》からお金《かね》を出《だ》そうとしました。でも、それをお母《かあ》さんが止《と》めました。甘《あま》やかさないで、ということです。そしてリュウちゃんに強《つよ》い口《く》調《ちょう》でこう告《つ》げました。

「もう、あんたにはなにも買《か》ってやらない」

リュウちゃんはますますふくれて、だんだん悪《わる》い子《こ》になっていきました。リュウちゃんはシンちゃんの手《て》からミニカーを奪《うば》い取《と》りました。そして意地悪《いじわる》そうな顔《かお》を見《み》せながら、後《うし》ろ向《む》きで逃《に》げていったのです。泣《な》き出《だ》すシンちゃん。怒《おこ》ってリュウちゃんを追《お》いかけるお父《とう》さん。リュウちゃん逃《に》げる。どこまでも逃《に》げる。

リュウちゃんは不意《ふい》に誰《だれ》かにぶつかって、ひっくり返《かえ》ってしまいました。しかも、その人《ひと》の持《も》っていた袋《ふくろ》が破《やぶ》けて、中《なか》から出《で》てきた水《みず》で上半身《じょうはんしん》がびしょ濡《ぬ》れに。

「あらま、ボクちゃんじゃないの。ああ、どうしましょう」

ぶつかった相手《あいて》はエレベーターの中《なか》で会《あ》った、あのレモンの匂《にお》いのするおねえさんでした。でも、こんどは臭《くさ》い。漬《つ》け物《もの》のような匂《にお》いがする。

よく見《み》ると、破《やぶ》けた袋《ふくろ》には大《おお》きく「のざわ菜漬《なづけ》」と書《か》いてありました。リュウちゃんにかかった水《みず》は野沢菜《のざわな》の漬《つ》け汁《じる》だったのです。

「だいじょうぶですか！」

お母《かあ》さんとお父《とう》さんが口々《くちぐち》に謝《あやま》ると、ぶつかったおねえさんがすっとんきょ

うな声《こえ》を上《あ》げました。目《め》を丸《まる》くするお母《かあ》さん。後《あと》ずさりするお父《とう》さん。振《ふ》り向《む》くお客《きゃく》さんたち。

「先生《せんせい》！」

「あっ、エツコさんか！」

そのおねえさんは、お父《とう》さんのかつての教《おし》え子《ご》だったのです。

「先生《せんせい》、お買《か》い物《もの》ですか」

「うん」

などと、お父《とう》さんとおねえさんが親《した》しげに話《はな》していると、お母《かあ》さんが後《うし》ろを向《む》いて、

「デパートにいるんだから、買《か》い物《もの》に決《き》まってんじゃん」

と、吐《は》き捨《す》てるようにつぶやきました。

いっそう不機嫌《ふきげん》になるお母《かあ》さんでしたが、ふと、リュウちゃんの様子《ようす》がおかしいことに気《き》がつきました。リュウちゃんが「かゆい、かゆい」と言《い》いながら、両腕《りょううで》をぼりぼりと掻《か》きむしっているのです。肌《はだ》が赤《あか》くなり、それがまだらになって広《ひろ》がっています。

すると、おねえさんが駆《か》け寄《よ》り、リュウちゃんの腕《うで》を取《と》りました。

「あー、ジンマシンね。なんだろう、漬《つ》け物《もの》の汁《しる》かしら」

リュウちゃんは野沢菜《のざわな》の漬《つ》け汁《じる》にかぶれたらしく、ジンマシンを起《お》こしてしまったようです。両腕《りょううで》だけでなく、みるみるうちに首筋《くびすじ》にも広《ひろ》がっていきました。あわれなリュウちゃん。

「病院《びょういん》へ行《い》きましょう。私《わたし》、看護師《かんごし》なんです。花沢病院《はなざわびょういん》が日曜当番医《にちようとうばんい》のはずです」

おねえさんの可愛《かわい》らしいクルマのあとを、リュウちゃんたちの新車《しんしゃ》がつづきます。新車《しんしゃ》の中《なか》ではリュウちゃんが大騒《おおさわ》ぎ。ベソをかいて、手足《てあし》をバタバタさせてもがいています。

「まだ何《なに》も買《か》ってもらってないよぉ」

10
雨《あめ》の日《ひ》がうれしい

リュウちゃんにとって、雨《あめ》の日《ひ》というのはうっとうしいものでした。筋肉《きんにく》の病気《びょうき》で、歩《ある》くのが大変《たいへん》になっていたからです。通学路《つうがくろ》は四《よん》キロ近《ちか》く。舗装《ほそう》のところはまだよいのですが、土《つち》の道《みち》がけっこうあって、雨《あめ》が降《ふ》ると泥《どろ》でぬめってしまいます。リュウちゃんは必《かなら》ずといってよいほど転《ころ》んで、泥《どろ》だらけになってしまったものです。

かといって、リュウちゃんは雨《あめ》が嫌《きら》いというわけでもありませんでした。雨《あめ》が草木《くさき》や道路《どうろ》に当《あ》たって聞《き》こえてくる、さわさわとした感《かん》じの音《おと》が好《す》きだったのです。雨《あめ》の匂《にお》いも、雨《あめ》の風情《ふぜい》も心《こころ》を穏《おだ》やかにします。

水色《みずいろ》の長靴《ながぐつ》を買《か》ってもらって、嬉《うれ》しくて「早《はや》く雨《あめ》が降《ふ》らないかなあ」と空《そら》を眺《なが》めていたこと。雨《あめ》が降《ふ》ると外《そと》へ出《で》て、水色《みずいろ》の長靴《ながぐつ》であちこちの水溜《みずたま》りを踏《ふ》んで歩《ある》いたこと。雨《あめ》が顔《かお》にかかって「気持《きも》ちいい」と思《おも》ったこと。思《おも》い出《だ》す雨《あめ》は、どれも悪《わる》いものではありませんでした。

それにしても、実際《じっさい》、雨《あめ》の日《ひ》に歩《ある》くのはたいへんなことでした。だからリュウちゃんにかぎって、雨《あめ》の日《ひ》はバス通学《つうがく》が許《ゆる》されていました。それなら楽《らく》だと、誰《だれ》もが思《おも》うかもしれません。ところがバスに乗《の》ることも、いや、その方《ほう》がリュウちゃんにとっては苦痛《くつう》だったのです。

バスに乗《の》るには、三十《さんじっ》センチほどの高《たか》さの段《だん》を二《ふた》つ上《あ》がらなければなりません。すぐに上《あ》がらないと、バスの発車《はっしゃ》が遅《おく》れてしまう。でも、どうしても時間《じかん》がかかります。それがひと苦労《くろう》だったわけです。

そしてさらにもう一《ひと》つ、耐《た》えがたい大《おお》きな問題《もんだい》がありました。それはイジメでした。いじめてくるのは誰《だれ》あろう、バスの運転手《うんてんしゅ》でした。いい大人《おとな》が、リュウちゃんに嫌《いや》がらせをしてくるのです。

段《だん》を上《のぼ》りきっていないうちにバスを発車《はっしゃ》させるのは毎度《まいど》のこと。いつもリュウちゃんはバスの中《なか》に転《ころ》がりこむようになって、座席《ざせき》まで這《は》いずっていくことになります。降《お》りるバス停《てい》が近《ちか》くなって、タイミングよく降車《こうしゃ》ボタンを押《お》しても、運転手《うんてんしゅ》はそれを無視《むし》する。そのバス停《てい》をわざと通《とお》り越《こ》して、何百《なんびゃく》メートルも先《さき》へ行《い》ったところでリュウちゃんを降《お》ろすことも、しょっちゅうありました。

「あ、また泥棒《どろぼう》が来《き》た！」

リュウちゃんは障害者割引《しょうがいしゃわりびき》を受《う》けていました。バスを降《お》りるときに障害者手帳《しょうがいしゃてちょう》を見《み》せながら、半額《はんがく》の二十五円《にじゅうごえん》を料金受《りょうきんう》けに落《お》とすのです。全額《ぜんがく》を払《はら》わないから「泥棒《どろぼう》だ」というのです。

雨《あめ》の日《ひ》は歩《ある》いても苦痛《くつう》、バスに乗《の》っても苦痛《くつう》。でも、たった一《ひと》つだけ救《すく》いがありました。リュウちゃんを優《やさ》しく包《つつ》みこんで、身体《からだ》も心《こころ》も温《あたた》めてくれる救《すく》いがあったのです。

それはけっこうな雨《あめ》の降《ふ》る、ある夕方《ゆうがた》のことでした。図書委員長《としょいいんちょう》をしていたリュウちゃんは、本《ほん》の整理《せいり》に手間《てま》取《ど》ったために、いつもの四時半《よじはん》のバスより一本遅《いっぽんおそ》い、五時半《ごじはん》の便《びん》に乗《の》りました。その時間《じかん》のバスの運転手《うんてんしゅ》は、リュウちゃんをいじめるような人《ひと》ではありません。それに車掌《しゃしょう》さんが乗《の》っていて、むしろ乗《の》り降《お》りを手伝《てつだ》ってくれました。でも、救《すく》いというのはバスを降《お》りてからのことです。

その日《ひ》の朝《あさ》は晴《は》れていたので、リュウちゃんは傘《かさ》を持《も》たずにきていました。バスを降《お》りたリュウちゃんは濡《ぬ》れても仕方《しかた》ない、と歩《ある》き出《だ》しました。雨《あめ》がどんどん身体《からだ》に当《あ》たってきます。バス停《てい》からリュウちゃんの家《いえ》までは約《やく》二百《にひゃく》メートル。足《あし》の不自由《ふじゆう》なリュウちゃんは走《はし》ることがままならないので、家《いえ》に着《つ》く頃《ころ》にはきっとびしょ濡《ぬ》れだな、と思《おも》いました。すると何故《なぜ》か急《きゅう》に、雨《あめ》が頭《あたま》に当《あ》たらなくなりました。

空《そら》を見上《みあ》げようとすると、透明《とうめい》のビニール傘《がさ》の裏側《うらがわ》が頭上《ずじょう》にありました。そして、セーラー服《ふく》を着《き》た高校生《こうこうせい》のおねえさん。さっきリュウちゃんと一緒《いっしょ》にバスを降《お》りた人《ひと》でした。

「一緒《いっしょ》に行《い》きましょう」

おねえさんは、リュウちゃんに優《やさ》しくそう言《い》いました。可愛《かわい》い感《かん》じで、そう、当時大変《とうじたいへん》な人気《にんき》のあった女優《じょゆう》の「遥《はる》くらら」のような女性《じょせい》。リュウちゃんはうなずき、ふたりは歩《ある》き始《はじ》めました。

相合傘《あいあいがさ》です。おねえさんは微笑《ほほえ》んだままなにも言《い》いません。リュウちゃんも、ただ黙《だま》って歩《ある》きました。うれしいような、恥《は》ずかしいような、でもとっても居《い》心地《ごこち》がいい。

そしてふたりはリュウちゃんの家《いえ》の前《まえ》で立《た》ち止《ど》まりました。リュウちゃんはおねえさんにお辞儀《じぎ》をして、おねえさんの傘《かさ》からゆっくりと離《はな》れるのでした。

それから数日《すうじつ》が経《た》ち、午後《ごご》に強《つよ》い雨《あめ》の降《ふ》る日《ひ》がありました。その日《ひ》は図書委《としょい》員会《いんかい》がなかったので、いつもの四時半《よじはん》のバスで帰《かえ》ることにしました。バス停《てい》の、屋根《やね》のついたベンチに腰掛《こしか》けていたリュウちゃんは、ふと、あの高校生《こうこうせい》のおねえさんのことを思《おも》い出《だ》しました。

なんとなく、おねえさんに会《あ》いたくなりました。おねえさんは次《つぎ》のバスに乗《の》っているはずです。そしてリュウちゃんは、四時半《よじはん》のバスがきても、それに乗《の》

らず見送《みおく》りました。次《つぎ》のバスが来《く》るのは一時間後《いちじかんご》。バス停《てい》には誰《だれ》もいません。クルマもほとんど通《とお》りません。リュウちゃんは、道路《どうろ》に雨《あめ》がはじけ飛《と》ぶのをずっと見《み》つめていました。そして時々《ときどき》、大《おお》あくび。そして、いつのまにか眠《ねむ》りこんでいました。

ハタと目《め》を覚《さ》ますリュウちゃん。さっきまでと変《か》わりなく、強《つよ》い雨《あめ》が音《おと》を立《た》てて降《ふ》りつづいています。バス停《てい》も静《しず》かに佇《たたず》んでいます。そしてなにげなくベンチの横《よこ》を見《み》たリュウちゃんはギョッとしました。なんと、あの高校生《こうこうせい》のおねえさんが立《た》っているではありませんか。

ふたりは会話《かいわ》をすることもなく、それぞれ静《しず》かなときを過《す》ごしました。ただ、リュウちゃんの方《ほう》はおねえさんのことが気《き》になって仕方《しかた》がない。なんだか胸《むね》がドキドキする。そして数分《すうふん》が経《た》ち、遠《とお》くの方《ほう》でバスのフォグランプが光《ひか》りました。

クラクションが響《ひび》き、リュウちゃんはまた目《め》を覚《さ》ましました。あわててベンチの横《よこ》を見《み》ると、おねえさんがいない。どうやら、今《いま》の情景《じょうけい》は夢《ゆめ》だったようです。目《め》の前《まえ》にバスが停《と》まっていて、車掌《しゃしょう》さんが手招《てまね》きしています。リュウちゃんは急《いそ》いでバスに乗《の》りこみました。

バスには、時々《ときどき》見《み》かける小《ちい》さなおばあさんがひとり乗《の》っているだけで、あのおねえさんはいませんでした。リュウちゃんはがっかり。なんのために次《つぎ》のバスを待《ま》っていたのでしょう。

雨《あめ》で霞《かす》んだ前方《ぜんぽう》に、次《つぎ》のバス停《てい》がうっすらと見《み》えてきました。傘《かさ》を差《さ》して待《ま》っている人《ひと》も何人《なんにん》かいるようです。バスが停《と》まって、その人《ひと》たちが乗《の》りこんできました。そして一番後《いちばんあと》に、息《いき》を切《き》らしながら駆《か》け上《あ》がってくる人《ひと》がいました。

〈あのおねえさんだ！〉

おねえさんが何故《なぜ》、そんなところから乗《の》ったのかは分《わ》かりません。おねえさんは、リュウちゃんからだいぶ離《はな》れた座席《ざせき》につきました。バスはいつもの道を、いつものスピードで運行《うんこう》していきます。窓《まど》に当《あ》たっては滴《したた》り落《お》ちる雨《あま》だれを、リュウちゃんはずっと見《み》つめていました。でも心《こころ》の中《なか》はやっぱり、おねえさんのことでいっぱいでした。

バスを降《お》りると、おねえさんが傘《かさ》を開《ひら》きました。リュウちゃんも、ランドセルから折《お》りたたみ傘《がさ》を取《と》り出《だ》そうとしました。それでモタモタしていると、おねえさんが声《こえ》をかけてきました。

「入《はい》ってく？」

またまた相合傘《あいあいがさ》。リュウちゃんは、まさにこれを期待《きたい》していたのです。心《こころ》の中《なか》がほんわかとしてくるのを感《かん》じました。

それからというもの、雨《あめ》の日《ひ》はバスを一本遅《いっぽんおく》らせては、リュウちゃんはおねえさんと相合傘《あいあいがさ》をして帰《かえ》るようになりました。雨《あめ》の日《ひ》はうれしい、そんなふうに思《おも》ったものです。

でも、いつも会話《かいわ》にはなりません。だから、おねえさんの名前《なまえ》も、通《かよ》っている学校《がっこう》も、住《す》んでいる場所《ばしょ》も分《わ》かりませんでした。

ある、よく晴《は》れた日《ひ》のこと。リュウちゃんはいつもの、あの意地《いじ》の悪《わる》い運転《うんてん》手《しゅ》のバスに乗《の》っていました。涙《なみだ》をこらえるリュウちゃん。またしても、段《だん》を上《のぼ》りきっていないうちにバスが発車《はっしゃ》。バスの中《なか》に転《ころ》がりこんだとたん、無性《むしょう》に悲《かな》しくなってしまったのです。その日《ひ》は、いつになく大勢《おおぜい》の人《ひと》が乗《の》っていました。でも、リュウちゃんに手《て》を差《さ》し出《だ》してくれる人《ひと》は誰《だれ》ひとりいなかった。それも悲《かな》しいことでした。

そして、さらにとんでもないことになりました。料金《りょうきん》を払《はら》ってバスを降《お》りようとすると、その意地悪《いじわる》な運転手《うんてんしゅ》ときたら、リュウちゃんが降《お》りきっていないうちにバスを発車《はっしゃ》させたのです。リュウちゃんは道路《どうろ》に振《ふ》り落《お》とされてしまいました。

ひど過《す》ぎる。ずっと我慢《がまん》していたリュウちゃんでしたが、道路《どうろ》にへたりこんだまま泣《な》き出《だ》しました。ただただ、くやしかったのです。

そんなリュウちゃんのところに、誰《だれ》かが近寄《ちかよ》ってきました。

「どうしたの？　どうして泣《な》いているの？」

あのおねえさんでした。学校《がっこう》が休《やす》みなのか、黄色《きいろ》い水玉模様《みずたまもよう》のワンピースを着《き》ていました。リュウちゃんは鼻水《はなみず》をすすりながら、おまけにしゃっくりをしながら話《はな》しました。これまでにバスの運転手《うんてんしゅ》から受《う》けたことの数々《かずかず》も一気《いっき》に。

するとおねえさんの顔《かお》が青《あお》ざめてきました。

「なんですって？」

おねえさんの目《め》がキラッと光《ひか》りました。いつもの、あの優《やさ》しげな表情《ひょうじょう》ではありません。心《こころ》から怒《おこ》っているようでした。

思《おも》えば、それがおねえさんとの初《はじ》めての会話《かいわ》でした。

「ねえ……。お返《かえ》ししてやろう」

おねえさんはいたずらっぽくそう言《い》いました。リュウちゃんにはちょっと意《い》外《がい》でした。大人《おとな》しい人《ひと》だとばかり思《おも》っていたのです。

「お返《かえ》し？」

「そう。たとえば……」

おねえさんはリュウちゃんに、いじわる運転手《うんてんしゅ》への仕返《しかえ》しの一案《いちあん》を話《はな》しました。でも、それがあまりにくだらないことだったので、リュウちゃんは思《おも》わず吹《ふ》き出《だ》しました。それを、まさか本当《ほんとう》に実行《じっこう》することになろうとは。

何日《なんにち》かが経《た》ち、一日《いちにち》じゅう雨《あめ》の降《ふ》っている日《ひ》がありました。学校《がっこう》が終《お》わると、リュウちゃんはいつもの四時半《よじはん》のバスに乗《の》りました。そうするようにと、おねえさんに言《い》われていたのです。

例《れい》のごとく、運転手《うんてんしゅ》の悪意《あくい》によってバスの中《なか》に転《ころ》がりこんだリュウちゃんに、おねえさんが手《て》を差《さ》し出《だ》しました。そしてふたりは吊《つ》り革《かわ》につかまりました。乗客《じょうきゃく》はほかに、時々見《ときどきみ》かける小《ちい》さなおばあさんひとりだけ。おねえさんは、リュウちゃんに耳打《みみう》ちしました。

「あのおばあちゃんって、いつも、次《つぎ》の次《つぎ》のバス停《てい》で降《お》りるのよね。そうしたら実行《じっこう》よ」

雨《あめ》は土砂降《どしゃぶ》りに変《か》わっていました。そんな中《なか》を、時々見《ときどきみ》かける小《ちい》さなおばあさんがゆっくりと降《お》りていきました。

そのとき、意地《いじ》の悪《わる》い運転手《うんてんしゅ》が「早《はや》く降《お》りろ、ババア」とつぶやいたのを、リュウちゃんは聞《き》き逃《のが》しませんでした。どうやら、彼《かれ》の対象《たいしょう》はリュウちゃんだけではなかったらしい。リュウちゃん、実《じつ》はちょっと、おねえさんとの企《たくら》みに躊躇《ちゅうちょ》していました。でも「早《はや》く降《お》りろ、ババア」の声《こえ》を聞《き》いてしまっては、もう後《あと》には引《ひ》けません。

そして先《ま》ず、おねえさんが行動《こうどう》に出《で》ました。おねえさんは一番後《いちばんうし》ろの、前方《ぜんぽう》に向《む》かって右側《みぎがわ》の窓《まど》を、静《しず》かに全開《ぜんかい》にしました。つづいてリュウちゃんが、後部入口《こうぶいりぐち》のそばにある窓《まど》を、音《おと》を立《た》てずに全開《ぜんかい》にしました。ふたりはそうやって、バスの一《ひと》つ一《ひと》つの窓《まど》を全開《ぜんかい》にしていったのです。

次々《つぎつぎ》に開《あ》けた窓《まど》から、雨《あめ》がどんどん吹《ふ》きこんできて、あちこちでしぶきを上《あ》げています。座席《ざせき》シートも床《ゆか》もびっしょり。すべての窓《まど》が開《あ》いた頃《ころ》には、リュウちゃんもおねえさんも、雨《あめ》の中《なか》で遊《あそ》んでいるかのように、びしょ濡《ぬ》れになっていました。互《たが》いに指《ゆび》を差《さ》し合《あ》いながら、クスクス、ケラケラと笑《わら》い合《あ》いました。

ふたりの降《お》りるバス停《てい》が近《ちか》づいてきました。おねえさんが降車《こうしゃ》ボタンをピンと押《お》し、ふたりは前《まえ》のほうに移動《いどう》しました。バスが停《と》まり、リュウちゃんたちは料金《りょうきん》を入《い》れました。運転手《うんてんしゅ》の顔《かお》を見《み》ると、なんとも不思議《ふしぎ》そうな表情《ひょうじょう》をしています。そりゃあ、そうでしょう。降《お》りようとしている乗客《じょうきゃく》のふたりが、そろって全身《ぜんしん》ずぶ濡《ぬ》れになっているのだから！

そして運転手《うんてんしゅ》は、なにげなく振《ふ》り向《む》いて後《うし》ろのほうを見《み》ました。とたんに表情《ひょうじょう》が一変《いっぺん》。口《くち》を大《おお》きくひん曲《ま》げ、目《め》を丸《まる》くしたまま固《かた》まってしまう運転手《うんてんしゅ》。

「な、なんじゃ、こりゃあ！」

あわてた運転手《うんてんしゅ》は、バスの中《なか》を右往左往《うおうさおう》して、強《つよ》い雨《あめ》の吹《ふ》きこんでくる窓《まど》という窓《まど》を閉《し》めて回《まわ》りました。運転手《うんてんしゅ》の哀《あわ》れな姿《すがた》を背《せ》にしながら、リュウちゃんとおねえさんは、何事《なにごと》もなかったように、ゆっくりとバスを降《お》りるのでした。

その後《ご》、リュウちゃんから「バスの運転手《うんてんしゅ》にいじめを受《う》けている」という話《はなし》を聞《き》いたお母《かあ》さんが、バスの会社《かいしゃ》に怒鳴《どな》りこんでいきました。

「私《わたし》が支社長《ししゃちょう》ですが」

「うちの息子《むすこ》が、お宅《たく》の運転手《うんてんしゅ》にいじめられているようなんですが……。一体《いったい》どういうことなんでしょう！」

お母《かあ》さんは仁王《におう》立《だ》ちになりました。そしていろんなことを、甲高《かんだか》い声《こえ》でガンガンとまくし立《た》てました。その殺気《さっき》立《だ》った形相《ぎょうそう》に、支社長《ししゃちょう》をはじめ、そこにいた人《ひと》たちはみんなたじろぎました。

それから数十分《すうじっぷん》が経《た》ち、支社長《ししゃちょう》に叱《しか》られてペコペコと頭《あたま》を下《さ》げる運転手《うんてんしゅ》の姿《すがた》がありました。その後《ご》、その運転手《うんてんしゅ》は四時半《よじはん》のバスには乗《の》って来《こ》なくなりました。

夏休《なつやす》みに入《はい》ると、リュウちゃんは、バスとは無縁《むえん》な毎日《まいにち》を過《す》ごしました。それでも夕立《ゆうだち》が来《く》るたびに、あのおねえさんのことを思《おも》い出《だ》すのでした。バスの運転手《うんてんしゅ》に仕返《しかえ》しをして以来《いらい》、一度《いちど》も会《あ》っていなかったのです。

〈二学期《にがっき》になったら、雨《あめ》の日《ひ》に五時半《ごじはん》のバスに乗《の》ってみよう〉

考《かんが》えてみれば、雨《あめ》など降《ふ》っていなくたって、おねえさんはそのバスに乗《の》っているはずです。でもリュウちゃんは、雨《あめ》が降《ふ》っていなければ、おねえさんには近《ちか》づけないような気《き》がしたのです。

夏休《なつやす》みが終《お》わってすぐに、雨《あめ》のつづく週《しゅう》がありました。待《ま》ちに待《ま》っていたリュウちゃんは、いつもよりカッコいいT《ティー》シャツを着《き》て学校《がっこう》へ行《い》き、五時半《ごじはん》のバスに乗《の》りこみました。

見《み》たところ、乗客《じょうきゃく》は、時々見《ときどきみ》かける小《ちい》さなおばあさんひとりだけのようでした。翌日《よくじつ》も雨《あめ》だったので、迷《まよ》わず五時半《ごじはん》のバスに乗《の》ったのですが、やっぱり、時々見《ときどきみ》かける小《ちい》さなおばあさんが乗《の》っているだけでした。次《つぎ》の雨《あめ》の日《ひ》も、そのまた次《つぎ》の雨《あめ》の日《ひ》も、五時半《ごじはん》のバスにはおねえさんは乗《の》っていませんでした。どうしたのでしょう。

十月《じゅうがつ》、十一月《じゅういちがつ》、そして雪《ゆき》の季節《きせつ》になっても、リュウちゃんがおねえさんに会《あ》うことはありませんでした。そのうちに、リュウちゃんはおねえさんのことを忘《わす》れるようになっていました。

ときは巡《めぐ》り、また湿《しめ》った風《かぜ》を感《かん》じるようになったある雨《あめ》の日《ひ》のこと。

リュウちゃんは、いつものように四時半《よじはん》のバスを降《お》りました。またしても傘《かさ》のないリュウちゃんは、やっぱりとぼとぼと歩《ある》き始《はじ》めました。

するとなぜか急《きゅう》に、雨《あめ》が頭《あたま》に当《あ》たらなくなりました。空《そら》を見上《みあ》げようとすると、黒《くろ》い傘《かさ》が頭上《ずじょう》にありました。

「一緒《いっしょ》に行《い》きましょう」

おねえさん！

……いいえ。それはなんと、時々見《ときどきみ》かける小《ちい》さなおばあさんでした。時々見《ときどきみ》かける小《ちい》さなおばあさんが傘《かさ》を差《さ》し出《だ》して、ニッコリ微笑《ほほえ》んでいるのでした。

作品解説《さくひんかいせつ》

谷郁雄《たにいくお》（詩人《しじん》）

1　負《ま》けず嫌《ぎら》いのでんぐり返《がえ》し

昭和《しょうわ》（平成《へいせい》の前《まえ》の時代《じだい》）の子供《こども》たちは、外《そと》で友達《ともだち》と遊《あそ》ぶのが好《す》きでした。この物語《ものがたり》の主人公《しゅじんこう》の「リュウちゃん」と同《おな》じように、学校《がっこう》から帰《かえ》ると、玄関《げんかん》にランドセルを放《ほう》り出《だ》して、そのまま外《そと》へと駆《か》け出《だ》していったものです。

一度《いちど》、遊《あそ》びに出《で》たらお腹《なか》がすくまで家《いえ》に帰《かえ》りません。たまに家《いえ》でゲームをしたり、プラモデルを組《く》み立《た》てたりすることもありましたが、だいたいは、川《かわ》で遊《あそ》んだり、木登《きのぼ》りしたり、空《あ》き地《ち》で戦争《せんそう》ごっこをして遊《あそ》んだり。

そんな毎日《まいにち》でした。

子供《こども》の遊《あそ》びにケガはつきもので、いつもどこかに擦《す》り傷《きず》、切《き》り傷《きず》、打撲《だぼく》の青《あお》あざなどがありました。ケガのあとにはカサブタができます。男《おとこ》の子《こ》はみんなケガをしながら成長《せいちょう》したのです。そこで登場《とうじょう》するのが「赤《あか》チン」です。赤《あか》チンは、傷口《きずぐち》からばい菌《きん》が入《はい》らないように消毒《しょうどく》する薬《くすり》で、昭和《しょうわ》に流行《はや》った薬《くすり》ですが、いまはさっぱり見《み》なくなりました。ぼくや、この物語《ものがたり》の作者《さくしゃ》の子供《こども》の頃《ころ》には、どの家《いえ》にも、この赤《あか》チンが目《め》につく場所《ばしょ》に置《お》かれていたものです。

リュウちゃんは、口《くち》の中《なか》をケガして近所《きんじょ》の花沢病院《はなざわびょういん》に運《はこ》ばれますが、ぼくは頭《あたま》にケガをして楠外科医院《くすげかいいん》に運《はこ》ばれました。テレビでは「ウルトラマン」が活《かつ》躍《やく》しはじめた頃《ころ》で、男《おとこ》の子《こ》は、勉強《べんきょう》もしないで「でんぐり返《がえ》し」ばかりしていたのです。

2 こわいこわい三《みっ》つの部屋《へや》

子供《こども》には、大人《おとな》には見《み》えないものが見《み》えたり、大人《おとな》が感《かん》じないことを感《かん》じる心《こころ》があります。どんな子供《こども》もそうなのです。リュウちゃんもそんな子供《こども》の心《こころ》を持《も》って、自分《じぶん》のまわりの世界《せかい》を観察《かんさつ》しています。

だから、「小諸《こもろ》のおじいちゃん」の広《ひろ》い家《いえ》や、昼間《ひるま》でも薄暗《うすぐら》い「離《はな》れ」と呼《よ》ばれる部屋《へや》がとても怖《こわ》いのです。灯《あかり》のない渡《わた》り廊下《ろうか》も、離《はな》れの壁《かべ》にかけてある怪人《かいじん》の絵《え》も、大《おお》きなサムライの人形《にんぎょう》も、リュウちゃんには薄気味《うすきみ》悪《わる》い存在《そんざい》です。怖《こわ》がりの心《こころ》で見《み》ると、どんなものでも恐《おそ》ろしげに見《み》えるのです。

子供《こども》の頃《ころ》は、誰《だれ》でもそうです。けれど、リュウちゃんには、勇気《ゆうき》の心《こころ》もありました。それは何《なに》ものも恐《おそ》れない心《こころ》ではなく、怖《こわ》さを感《かん》じながらも、前《まえ》に向《む》かって進《すす》もうとする心《こころ》です。その心《こころ》が、リュウちゃんを離《はな》れのいちばん最後《さいご》の部屋《へや》まで導《みちび》いてくれたのです。

もしも、誕生日《たんじょうび》プレゼントの「のりものずかん」を何《なん》の苦労《くろう》もせずにもらっていたら、どうでしょうか？　そのときは嬉《うれ》しいかもしれませんが、その嬉《うれ》しさはすぐに消《き》えてしまうはずです。

実《じつ》は、小諸《こもろ》のおじいちゃんからの誕生日《たんじょうび》プレゼントは「のりものずかん」ではなく、「勇気《ゆうき》」だったのです。

3　弟《おとうと》をさがせ

この物語《ものがたり》では、リュウちゃんが「赤岩《あかいわ》のおじいちゃん」の家《いえ》で過《す》ごした、ある夏休《なつやす》みの出来事《できごと》が描《えが》かれています。赤岩《あかいわ》のおじいちゃんの家《いえ》は農家《のうか》で、豊《ゆた》かな自然《しぜん》に囲《かこ》まれた田舎《いなか》が、この物語《ものがたり》の舞台《ぶたい》です。

物語《ものがたり》を読《よ》みながら、ぼくは、夏休《なつやす》みや冬休《ふゆやす》みに行った祖母《そぼ》の家《いえ》のことを思《おも》い出《だ》しました。それは、三重県《みえけん》の山深《やまふか》いところにあった古《ふる》い農家《のうか》。ごはんはかま

ど で 炊《た》いて、水《みず》は井戸《いど》から汲《く》んで、家《いえ》には猫《ねこ》がいて、家《いえ》の守《まも》り神《がみ》のようなアオダイショウ（大《おお》きな蛇《へび》）まで一緒《いっしょ》に暮《く》らしていました！　夜《よる》になると、ひとりで外《そと》に出《で》て、山《やま》の上《うえ》からオシッコを飛《と》ばしたり。昔《むかし》は、ホタルがたくさんいて、その光《ひかり》は美《うつく》しく、とても幻想的《げんそうてき》でした。そのときの体験《たいけん》は、心《こころ》の中《なか》の大切《たいせつ》な宝物《たからもの》です。

この物語《ものがたり》の中《なか》で、特《とく》に好《す》きなのは、カブトムシ採《と》りの場面《ばめん》です。おじいちゃんがクヌギの木《き》を蹴《け》って、木《き》の上《うえ》にいるクワガタを地面《じめん》に落《お》とす場面《ばめん》。思《おも》わず「同《おな》じだ！」と叫《さけ》んでしまいました。子供《こども》のとき、ぼくも同《おな》じやり方《かた》で、クワガタを捕《つか》まえていたからです。

少《すこ》し、弟《おとうと》のシンちゃんの話《はなし》もしましょう。

いつも兄《あに》のリュウちゃんにくっついて歩《ある》くシンちゃんの存在《そんざい》を、内心《ないしん》うっとうしく思《おも》っていたリュウちゃん。何《なん》でも、真似《まね》ばかりするからです。ぼくにも四歳年下《よんさいとしした》の弟《おとうと》がいるので、その気持《きも》ちがよく分《わ》かります。弟《おとうと》はめんどくさい存《そん》在《ざい》でもあり、同時《どうじ》に、やさしく見守《みまも》ってやりたい存在《そんざい》でもあるのです。

4　お母《かあ》さんを迎《むか》えに行《い》こう

「留守番《るすばん》」は不思議《ふしぎ》です。寂《さみ》しいような、自由《じゆう》なような、怖《こわ》いような、ワクワクするような、そんな気持《きも》ちが一《ひと》つになって胸《むね》の奥《おく》で渦巻《うずま》いています。子供《こども》たちだけでする留守番《るすばん》には、ちょっぴり誇《ほこ》らしい気持《きも》ちも混《ま》じっているかもしれません。

きっと、リュウちゃんとシンちゃんも、同《おな》じ気持《きも》ちだったのでしょう。留守番《るすばん》を任《まか》されて、なんだか、ちょっぴり大人《おとな》になったような気分《きぶん》。子供《こども》にとっては大役《たいやく》です。

けれど、夜中《よなか》にＰＴＡ《ピーティーエー》の会合《かいごう》に出《で》かけたお母《かあ》さんは、約束《やくそく》の三十分《さんじっぷん》がたっても帰《かえ》ってきません。待《ま》つこと一時間《いちじかん》。だんだん不安《ふあん》になってきたシンちゃんとリュウちゃん。おまけにストーブの炎《ほのお》は消《き》え、家《いえ》は停電《ていでん》で真《ま》っ暗闇《くらやみ》！

そこから兄弟《きょうだい》の冒険《ぼうけん》が始《はじ》まります。

家《いえ》の外《そと》へと出《で》て、お母《かあ》さんの捜索開始《そうさくかいし》です。リュウちゃんたちは団地族《だんちぞく》でした。ぼくが子供《こども》の頃《ころ》にも、近所《きんじょ》に宝塚団地《たからづかだんち》という団地《だんち》があり、その団地《だんち》には、同《おな》じクラスの女子《じょし》（ぼくはその子《こ》が好《す》きでした）が住《す》んでいました。ゆるやかな坂道《さかみち》を上《あ》がったところに、その団地《だんち》がありました。昭和《しょうわ》というのは、団地《だんち》の風景《ふうけい》がいたるところに現《あらわ》れはじめた時代《じだい》です。夜《よる》になり、たくさんの窓《まど》に明《あ》かりが点《とも》ると、団地全体《だんちぜんたい》が、巨大《きょだい》なUFO《ユーフォー》みたいにふわりと夜空《よぞら》に浮《う》かび上《あ》がりました。

二人《ふたり》は大変《たいへん》な目《め》にあいながら、お母《かあ》さんとお父《とう》さんに再会《さいかい》します。家族《かぞく》が一緒《いっしょ》にいられることの幸《しあわ》せを、子供《こども》ながらにかみしめながら、コタツで居眠《いねむ》りしているリュウちゃんとシンちゃん。まるで、昔《むかし》のぼくと弟《おとうと》みたいに。

5　秋《あき》のぼうけん遠足《えんそく》

わんぱくで元気《げんき》いっぱいのリュウちゃんでしたが、運動《うんどう》は苦手《にがて》で、よく転《ころ》んだりもしていました。あとになって、それが、ある怖《こわ》い病気《びょうき》のせいだと分《わ》かります。けれど、誰《だれ》も病気《びょうき》が原因《げんいん》だとは思《おも》わなかったので、先生《せんせい》やクラスの友達《ともだち》には、ただの怠《なま》け者《もの》だと思《おも》われていたのです。頑張《がんば》っているのに、何《なに》をやっても、うまくできない。それがリュウちゃんの現実《げんじつ》でした。

その頃《ころ》、学校《がっこう》では、ちょうど秋《あき》の遠足《えんそく》が近《ちか》づいていました。でも、リュウちゃんは、クラスのみんなと行動《こうどう》をともにできるのでしょうか？

子供《こども》にとって、遠足《えんそく》は心《こころ》がワクワクするイベントです。遠足《えんそく》の前日《ぜんじつ》の気持《きも》ちは、大人《おとな》になったいまも、昨日《きのう》のことのように思《おも》い出《だ》せます。明日《あした》の天気《てんき》を心《しん》配《ぱい》して「てるてるぼうず」を作《つく》ったり、おにぎりやお菓子《かし》をリュックに詰《つ》めこんだり、ひとりで大騒《おおさわ》ぎ！　いつもはめったに食《た》べられないバナナも、リュックに忍《しの》ばせます。ぼくが子供《こども》の頃《ころ》は、バナナが高価《こうか》すぎて、遠足《えんそく》など特別《とくべつ》な日《ひ》にしか買《か》ってもらえなかったのです。

遠足《えんそく》の日《ひ》は、リュウちゃんにとっては、試練《しれん》の連続《れんぞく》でした。途中《とちゅう》で何度《なんど》もくじけそうになりながらも、ついにやりとげて、最後《さいご》には笑顔《えがお》のハッピーエンド。苦《くる》しかったことも、みんな楽《たの》しい思《おも》い出《で》に変《か》わっているのが、なんだか不思議《ふしぎ》です。

6　分校《ぶんこう》に忍《しの》びこんだら

ある日《ひ》、校長先生《こうちょうせんせい》に呼《よ》び出されたリュウちゃん。いったい何《なに》をやらかしたのでしょう。実《じつ》は、「分校《ぶんこう》」に忍《しの》び込《こ》んだことがバレてしまったのです。分校《ぶんこう》というのは、学校《がっこう》が遠《とお》くて通《かよ》えない子供《こども》たちのために建《た》てられた校舎《こうしゃ》で、リュウちゃんも一年生《いちねんせい》のときだけその分校《ぶんこう》に通《かよ》っていました。でも、いまは使《つか》われていません。

ひとりで分校《ぶんこう》に忍《しの》び込《こ》んだリュウちゃんは、入学式《にゅうがくしき》の日《ひ》のことを思《おも》い出《だ》します。はじめてのクラスのこと。担任《たんにん》の森川先生《もりかわせんせい》のこと。若《わか》い女《おんな》の先生《せんせい》だったから嬉《うれ》しかったこと。分校《ぶんこう》での、さまざまな出来事《できごと》が、くるくると心《こころ》の中《なか》を回《まわ》ります。

読《よ》みながら、ぼくの心《こころ》にも、一年生《いちねんせい》のときの担任《たんにん》だった美人《びじん》の宮坂先生《みやさかせんせい》のことや、分校《ぶんこう》からやってきた友達《ともだち》のことなどが、物語《ものがたり》の一場面《いちばめん》のように蘇《よみがえ》りました。きっと、おじいさんになっても、子供《こども》のときのことは忘《わす》れずに覚《おぼ》えていることでしょう。

よく忘《わす》れ物《もの》をしたこと、理科室《りかしつ》の人体模型《じんたいもけい》が怖《こわ》かったこと、給食当番《きゅうしょくとうばん》のこと、席替《せきが》えのときに好《す》きな女子《じょし》の近《ちか》くになりたいと願《ねが》ったこと。この物語《ものがたり》の作者《さくしゃ》も、ぼくも、ずっと昔《むかし》の昭和《しょうわ》の時代《じだい》に、同《おな》じような子供時代《こどもじだい》を過《す》ごし、似《に》たようなことを思《おも》いながら、楽《たの》しい失敗《しっぱい》ばかりして、少《すこ》しずつ成長《せいちょう》していったのだと思《おも》います。

7　谷《たに》あいの村《むら》で暮《く》らす

リュウちゃんのお父《とう》さんは、中学校《ちゅうがっこう》の先生《せんせい》です。だから、よく転勤《てんきん》になります。お父《とう》さんの今度《こんど》の転勤先《てんきんさき》は、谷《たに》あいの村《むら》の中学校《ちゅうがっこう》。そこはとても不便《ふべん》なところです。おまけに、リュウちゃんが通《かよ》う小学校《しょうがっこう》は、家《いえ》から三《さん》キロも離《はな》れています！

このとき、リュウちゃんは五年生《ごねんせい》になっていて、自分《じぶん》が「筋《きん》ジストロフィー」という病気《びょうき》であることも知《し》らされていました。いまはまだ自分《じぶん》の力《ちから》で歩《ある》けますが、やがて車椅子《くるまいす》の生活《せいかつ》になるでしょう。病気《びょうき》のことは、学校《がっこう》にも伝《つた》わっています。

病気《びょうき》のせいで、特別《とくべつ》な目《め》で見《み》られ、いじわるもされました。自分《じぶん》が悪《わる》いわけではないのに、どうして仲間《なかま》はずれにされてしまうのか？　ひとり、校庭《こうてい》のポプラの木《き》に寄《よ》りかかり、悩《なや》む日々《ひび》が続《つづ》きます。

けれど、そんなリュウちゃんにも、変化《へんか》が訪《おとず》れます。同《おな》じクラスのカズヨシ君《くん》が話《はな》しかけてくれた日《ひ》から、すてきな友情《ゆうじょう》の物語《ものがたり》が始《はじ》まります。

物語《ものがたり》の中《なか》で、二人《ふたり》が魚釣《さかなつ》りに行《い》く場面《ばめん》が、とても好《す》きです。なぜ好《す》きなのか？　それは、ぼくも子供《こども》のときに魚釣《さかなつ》りが好《す》きだったから。友達《ともだち》と釣《つ》りをしていると、いやなことをすっかり忘《わす》れ、心《こころ》が透明《とうめい》になりました。釣《つ》れても、釣《つ》れなくても、いいのです。

となりに、友達《ともだち》がいてくれたら。

8　海《うみ》のおみやげ

待《ま》ちに待《ま》った、修学旅行《しゅうがくりょこう》。修学旅行《しゅうがくりょこう》は、六年間《ろくねんかん》の小学校生活《しょうがっこうせいかつ》の大《おお》きなしめくくりです。とても楽《たの》しみで、大切《たいせつ》な行事《ぎょうじ》です。リュウちゃんも、クラスのみんなも、その日《ひ》が来《く》るのを心待《こころま》ちにしていました。行《い》き先《さき》は、新潟県《にいがたけん》の海水浴《かいすいよく》場《じょう》です。水泳《すいえい》が大好《だいす》きなリュウちゃんには、夢《ゆめ》のような場所《ばしょ》。けれども、それなのに……。

リュウちゃんだけが、修学旅行《しゅうがくりょこう》に参加《さんか》できないことになりました。健康診断《けんこうしんだん》で、校医《こうい》の先生《せんせい》から「この子《こ》は無理《むり》。だめだよ」と宣告《せんこく》されます。筋《きん》ジストロフィーのせいです。リュウちゃん、これにはがっかり。あんまりです。みんなと一緒《いっしょ》に行《い》かせてほしいと、懸命《けんめい》に訴《うった》えても、聞《き》き入《い》れてもらえません。

ぼくの心《こころ》の中《なか》にも、修学旅行《しゅうがくりょこう》の思《おも》い出《で》が、子供時代《こどもじだい》の落《お》とし物《もの》や忘《わす》れ物《もの》みたいに残《のこ》っています。バスで京都《きょうと》や奈良《なら》をめぐって、古《ふる》いお寺《てら》や大仏《だいぶつ》を見《み》ました。おみやげも忘《わす》れずに買《か》いました。夜《よる》になると、となりの布団《ふとん》に友達《ともだち》が寝《ね》ているのが、ちょっぴり不思議《ふしぎ》でした。いまから五十年《ごじゅうねん》も昔《むかし》の話《はなし》です。昭和《しょうわ》の時代《じだい》は、時計《とけい》の針《はり》もいまよりゆっくり回《まわ》っていたような気《き》がします。

リュウちゃんを残《のこ》して、みんなは海《うみ》に行《い》ってしまいました。いま頃《ごろ》、旅館《りょかん》でお風呂《ふろ》に入ったり、枕投《まくらな》げをしたりして、楽《たの》しい時間《じかん》を過《す》ごしていることでしょう。すっかり、リュウちゃんのことは忘《わす》れたままで。

けれど、ちがいました。学校《がっこう》に行《い》くと、リュウちゃんの机《つくえ》の上《うえ》には、みんなからの「海《うみ》のおみやげ」がのっかっていたのです！　リュウちゃんのびっくり顔《がお》と、それを愉快《ゆかい》そうに見《み》つめるみんなの笑顔《えがお》。リュウちゃんも、修学旅行《しゅうがくりょこう》に参加《さんか》していたのです。

9　デパートで大《おお》さわぎ

買《か》ったばかりの新車《しんしゃ》に乗《の》って、家族《かぞく》で日曜日《にちようび》のデパートに行《い》った日《ひ》の話《はなし》。「赤岩《あかいわ》のおばあちゃん」も一緒《いっしょ》です。そのときの、ウキウキした気持《きも》ちが、鮮《あざ》やかに描《えが》かれています。

嬉《うれ》しすぎて興奮気味《こうふんぎみ》のリュウちゃんは、まるで、小《ちい》さな怪物《かいぶつ》のようです。何《なに》をするか分《わ》かりません。案《あん》の定《じょう》、とんでもないいたずらばかり次々《つぎつぎ》にやらかして、デパートの中《なか》は大混乱《だいこんらん》！　笑《わら》ってはいけない場面《ばめん》なのに、面白《おもしろ》すぎて、ワハハと笑《わら》ってしまうのは、ぼくにもいたずら好《ず》きの子供《こども》の心《こころ》が残《のこ》っているからでしょう。やっぱり、子供《こども》たるもの、こうでなくちゃと思《おも》ってしまいます。

ぼくが子供時代《こどもじだい》を過《す》ごした街《まち》にも、駅前《えきまえ》にデパートがありました。おもちゃ売《う》り場《ば》にレストラン、屋上《おくじょう》には小《ちい》さな遊園地《ゆうえんち》。夏《なつ》の日《ひ》に屋上《おくじょう》で飲《の》んだ噴水式《ふんすいしき》のオレンジジュースのおいしさは、きっと、一生忘《いっしょうわす》れないでしょう。子供《こども》のぼくには、何《なん》でもないことでも、キラキラと輝《かが》いて見《み》えたのです。

調子《ちょうし》に乗《の》りすぎて、最後《さいご》は痛《いた》い目《め》にあうリュウちゃん。漬物《つけもの》の汁《しる》をかぶって、じんましんになり、大騒《おおさわ》ぎ！　行《い》き先《さき》は、もちろん、あの「花沢病院《はなざわびょういん》」です。

10　雨《あめ》の日《ひ》がうれしい

雨《あめ》の日《ひ》は、いやなものです。気持《きも》ちまで湿《しめ》っぽくなります。青空《あおぞら》が恋《こい》しくなります。

この物語《ものがたり》は、雨《あめ》の日《ひ》の出来事《できごと》から生《う》まれた、なかなかすてきなお話《はなし》です。いやなことも起《お》きるのですが、すてきな出会《であ》いや出来事《できごと》もあり、最後《さいご》は、ほんのり心温《こころあたた》まる場面《ばめん》で終《お》わります。人間《にんげん》のいやな面《めん》と、やさしい面《めん》、その両方《りょうほう》を描《えが》いている雨《あめ》の日《ひ》の物語《ものがたり》です。

登場人物《とうじょうじんぶつ》のひとりは、いじわるなバスの運転手《うんてんしゅ》。この人《ひと》は、リュウちゃんの足《あし》が不自由《ふじゆう》なのを知《し》っていて、いろいろな「いじわる」をしかけてきます。ほんとに、いやなやつです。もうひとりの登場人物《とうじょうじんぶつ》は、高校生《こうこうせい》のおねえさん。この人《ひと》は、心《こころ》やさしい人《ひと》で、リュウちゃんを姉《あね》のように守《まも》ってくれます。

リュウちゃんは、この高校生《こうこうせい》のおねえさんに、ひそかな恋心《こいごころ》を抱《いだ》きます。雨《あめ》の日《ひ》の物語《ものがたり》は、リュウちゃんの「恋《こい》の物語《ものがたり》」でもあるのです。

運転手《うんてんしゅ》の「いじわる」に心《こころ》が折《お》れそうになっていたリュウちゃんが、このおねえさんと協力《きょうりょく》して、本気《ほんき》の「仕返《しかえ》し」をする場面《ばめん》では、雨上《あめあ》がりの青空《あおぞら》みたいに、心《こころ》が晴《は》れやかになります。

いじわるなバスの運転手《うんてんしゅ》さんにも、この物語《ものがたり》を読《よ》んでもらいたいと、ぼくは思《おも》います。自分《じぶん》が登場人物《とうじょうじんぶつ》になっていることに、びっくりすることでしょう！そして、自分《じぶん》がどんなに恥《は》ずかしい行《おこな》いをしていたか、気《き》づいてくれたらいいなと、思《おも》います。

著者・あとがき

この本がうまれたわけ

デュシェンヌ型筋ジストロフィーという病気のため、全身が動かないばかりか、人工呼吸器につながれ声を出すことさえできない。そんな私のもとに、何とお嫁さんが来てくれたのです。そして二人の子供が授かりました。上は女の子で『美音《みお》』、下は男の子で『奏人《かなと》』といいます。二人合わせると「美しい音を奏でる人」となります。かつて私は、シンガーソングライターとして活動をしていました。将来に備えて用意しておいた、とっておきの名前です。

美音が生まれた時、思いがけず父親になれたという喜びでいっぱいになりました。ですがその一方で、こんな身体で父親が務まるのだろうかという不安もありました。あやしたり抱っこしたりすることはできません。おむつを替えることも、お風呂に入れることもできないのです。私が肩を落としていると、お嫁さんがこう言いました。

「あなたにできることをすればいいのよ」

できないことを嘆いていないで、できることをがんばればいいと言うのです。私はなるほどと思いました。そして私は「できること探し」の旅に出たのです。

おなかの上に美音をうつぶせにして寝かしつけると、彼女は気持ち良さそうに眠りにつきました。ベビースリングを使ってみたら、ちゃんと抱っこすることができました。成長の記録を家族新聞として発行する。オリジナルの子守唄を作る。自分にできることが見つかるたびに、それが父親としての自信につながったのは言うまでもありません。

奏人が四歳の時、私の母が若くして亡くなりました。私が幼い頃、母は子守唄や絵本の読み聞かせを、父は昔語りをしてくれたことを、お葬式が終わったあとにふと思い出しました。私は声が出せないので、それらはできることではありません。でも、お話を作ることならできると思いました。

それで書き始めたのが、この『ぼくにできること』です。私が幼い頃に体験したいろいろに尾ひれ羽ひれをつけて、面白おかしく物語にしました。一話作るたびに、お嫁さんが子供たちの枕元で読み聞かせをします。子供たちは大喜びしたものです。

好奇心を持って夢をふくらませる。出会いを宝物にして自分も他人も大事にする。できることは一生懸命にやる。私が前向きに生きるためにして来たことを散りばめました。この本から、それらを感じ取っていただければ幸せです。

土屋竜一

土屋竜一（つちやりゅういち）

1964年 12月 9日、長野県佐久市生まれ。シンガーソングライター、著作家
難病のデュシェンヌ型筋ジストロフィーと闘うサバイバー

10歳で発病し、やがて車椅子の生活となる。

通信制高校を卒業後、ラジオパーソナリティーとしてスカウトされ、レギュラー番組の中で自作の歌を発表。各地でコンサート活動を繰り広げた。しかし、メジャーデビューを目前に呼吸不全を起こし歌えなくなるという不幸に見舞われる。さらには気管切開によって声を失ってしまった。

以後、人工呼吸器を終日装着しながら、信越放送ラジオ「里枝子の窓」などの背景音楽、校歌、保育園歌を手がけ、地域に根ざした音楽活動を行う。さらに、エッセイ集「出会いはたからもの」を出版し、執筆活動にも取り組むようになった。2000年に長野県知事賞を受賞。

その後、結婚し男女２子をもうける。情報技術者として在宅勤務をしながら、重度障害者在宅雇用の取り組みを描いたルポルタージュ「日本でいちばん働きやすい会社」を出版。これを機に、重度障害者の自立意識の啓蒙にも取り組んでいる。

2014 年、50 歳を記念する「土屋竜一トーク＆コンサート」を地元で開催。歌手・俳優の林アキラほか、ゆかりのアーティストたちが演奏、歌唱した。10 年ぶりの新曲「SING A SONG ~ 歌いつがれる歌になりたい ~」(作詞 / 山川啓介 作曲 / 土屋竜一 編曲 / 林アキラ) も、林アキラによって歌われた。これを機に作詞を山川啓介に、作曲を林アキラに師事。

そのほか俳人としての顔も持ち、俳句結社「梟」で矢島渚男に師事する。

著書／ 1999 年 出会いはたからもの (フーコー)、2002年 神様からの贈り物 (角川書店)、2010 年 日本でいちばん働きやすい会社 (中経出版)

絵／ Mariya Suzuki

カリフォルニア州ロングビーチでイラストレーションを学び、現在は東京をベースに活動中。

本や雑誌、壁画や広告など、幅広くイラストを提供している。

日々スケッチブックを持ち歩き、日常の風景を描きとめることがすき。

解説／谷郁雄（たにいくお）

詩人。1955 年三重県生まれ。同志社大学文学部英文学科中退。学生時代から詩作を始め、1990 年に『死の色も少しだけ』で詩人デビュー。写真家やイラストレーターとのコラボレーションを意欲的に行い、注目されてきた。詩集『バナナタニ園』（写真協力／吉本ばなな）ほか、著書多数。

ぼくにできること

子どものみらい文芸シリーズ

2018年2月1日　初版第1刷

著者　土屋竜一

絵　Mariya Suzuki

解説　谷郁雄

発行人　松﨑義行
発行　みらいパブリッシング
東京都杉並区高円寺南4-26-5 YSビル3F 〒166-0003
TEL03-5913-8611　FAX03-5913-8011
http://miraipub.jp　E-mail : info@miraipub.jp
発売　星雲社
東京都文京区水道1-3-30 〒112-0005
TEL03-3868-3275　FAX03-3868-6588

編集　川口光代

装幀　堀川さゆり

印刷・製本　株式会社上野印刷所

落丁・乱丁本は弊社宛にお送りください。送料弊社負担でお取り替えいたします。

ISBN978-4-434-24214-4 C8095